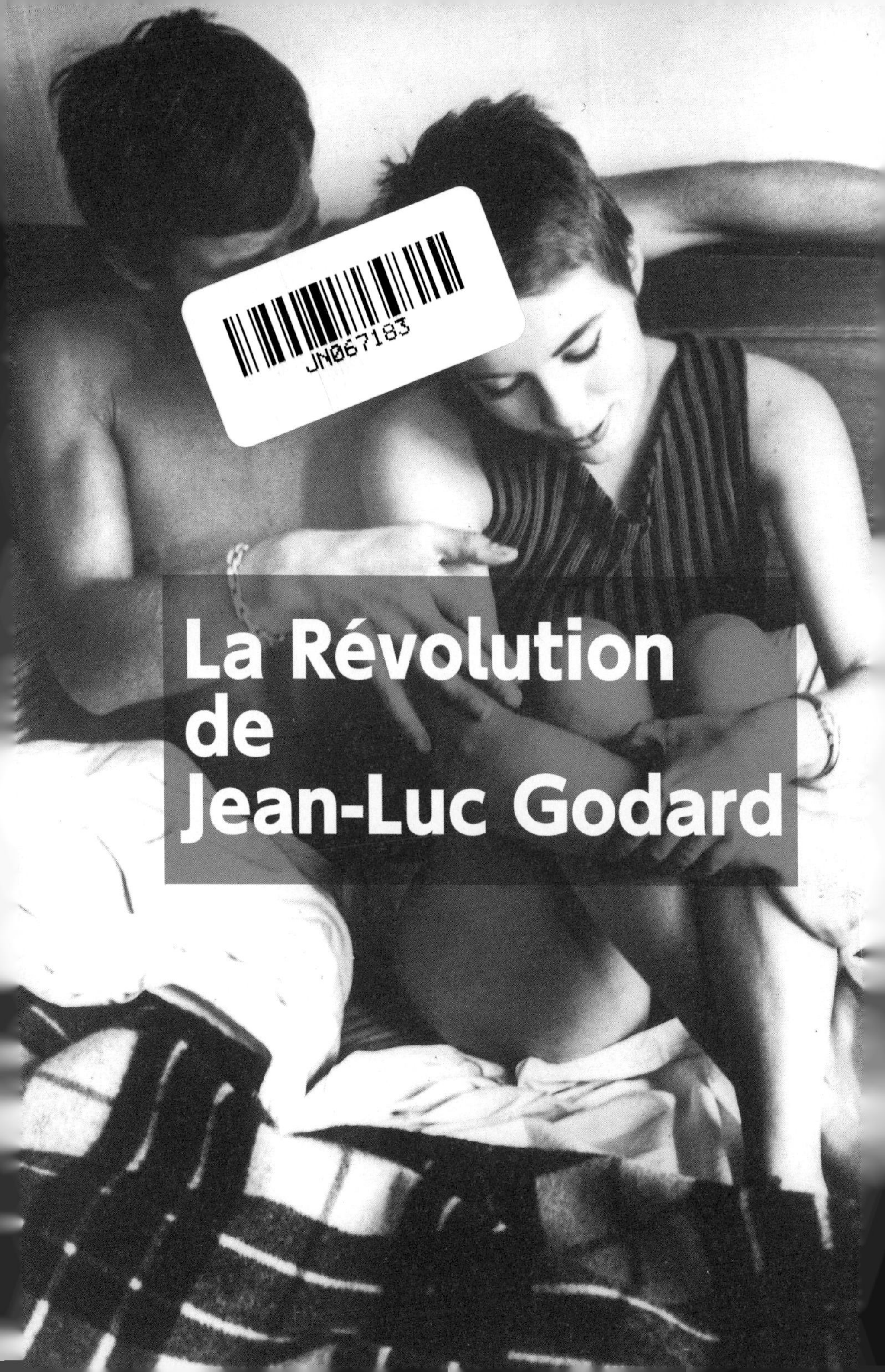

La Révolution de Jean-Luc Godard

Column

CONTENTS

Biography

Filmography

ジャン＝リュック・ゴダールの映画的人生

堀潤之

1930年12月3日、医師の父ポールと母オディールの第二子としてパリの裕福なプロテスタント家庭に生まれたゴダールは、物心もつかない頃からパリとレマン湖畔のスイスを行き来する生活を送っていた。フランスで最も輝かしい名家の一つである母方のモノー家はレマン湖畔に広大な地所を持っていたし、父親はパリとスイスの両方を仕事の拠点としていたからである。父親はやがてスイス国籍を取得してニヨンで開業医となり、ゴダールは同地で初等教育を開始する。子供の頃からスポーツ万能で、コレージュでは数学が得意だったという。第二次世界大戦が始まっても、ゴダールは戦争の荒波から守られていた。モノー家の伝手を頼って一時的にブルターニュに疎開したとき、司令部を守るドイツ兵に向かって棒付きキャンディを舐めながら時おり舌を出してみせるのが、ゴダール唯一の〝レジスタンス〟だったという。この時レジスタンスや強制収容所の悲劇に接しなかったことが、逆に、はるか後年の作品でそれらのテーマが扱われる遠因となる。

戦争が終わると、ゴダールはパリに下宿してリセ・ビュフォンに通うが、学業に失敗しかかったうえに盗癖が発覚したため、1948年にはスイスの両親のもとに連れ戻され、翌年かろうじてバカロレアを取得する。戦後のパリで花開いたシネクラブ文化に触れてすでに映画への関心を芽生えさせていたゴダールは、この頃、絵画を描いて地元で小さな展覧会を開いたり、文学的創作に打ち込んだりしていたが（なにしろ母方の祖父ジュリアン＝ピエール・モノーは詩人ヴァレリーの秘書も務めた人物だったのだから）、翌49年の秋にパリに戻って人類学専攻の学生としてソルボンヌ大学に登録してからは映画にますますのめりこみ、後にヌーヴェル・ヴァーグの盟友となるフランソワ・トリュフォーやジャック・リヴェットと連れ立ってシネマテークやシネクラブに通い詰めながら、早くも1950年には、凝った文体で書かれた稠密な映画批評を発表し始めるようになる。

とはいえ、同年に高等映画学院（ＩＤＨＥＣ）の受験に失敗してもいるゴダールには、映画監督へと至る確固たる道が開かれているわけではなかった。そこで彼は、親が斡旋したスイスのテレビ局での仕事に就くが、あたかも家族の庇護に反抗するかのように、テレビ局で盗みを働いて監獄送りとなり、ついには父親の手で精神病院にしばらく入院させられてしまう。さらに、54年春には母親がバイクの自損事故で命を失うという悲劇も起こる。だが同年、スイス・アルプスの巨大なダム建設現場で電話交換手の仕事をして稼いだ資金で、ダム建設の壮大な工程をとらえた初の短篇『コンクリート作戦』を撮ってからは、断続的に何本かの短篇を撮る機会が訪れるようになり、批評の執筆や、20世紀フォックスの宣伝係の仕事などをこなしつつ、長篇デビューの機会を窺うことになる。

クロード・シャブロルの『美しきセルジュ』（59）と『いとこ同志』（59）が話題になり、トリュフォーの『大人は判ってくれない』（59）がカンヌ国際映画祭で監督賞を受賞するなど、ヌーヴェル・ヴァーグの機運の高まりのなかで撮られたデビュー作『勝手にしやがれ』（60）は、映画史をゴダール以前と以後とに二分するような記念碑的な作品となった。殺人犯の逃避行というハリウッドの犯罪映画における定型的な物語を下敷きにしつつ、ジャンプカットをはじめとする形式面での新機軸をいくつも打ち出した本作は、とりわけ50年代のアメリカ映画という映画史の一局

『カラビニエ』
発売：シネマクガフィン　販売：紀伊國屋書店

ソフトの商品情報は本書の発売当時のものである。

『カラビニエ』

面を拠りどころにして、同時代のフランス映画で自明視されていた映画作りの慣習に反旗を翻すという戦略性を持っていた。映画史を強く意識しつつ、映画とは何かをつねに問い直す態度を、以後、ゴダールは終生にわたって持ち続けることになる。

『勝手にしやがれ』によって一挙にヌーヴェル・ヴァーグの寵児となったゴダールは、『ウイークエンド』（67）までの8年間に15本の長篇と7本の短篇という驚異的な製作ペースで映画作りを進める。しかも、ミュージカル（『女は女である』）、戦争（『小さな兵隊』、『カラビニエ』）、映画製作（『軽蔑』）、青春（『はなればなれに』）、SF（『アルファヴィル』）、若者の風俗（『男性・女性』）など扱う題材も一作ごとに異なり、どの作品も演出面での創意工夫に満ちていることも驚きだ。才気の迸った60年代ゴダールは、今なお彼の全作品のうち人々に最もよく見られ、親しまれていると言ってよいだろう。

そのことに大いに寄与しているのは、デンマーク出身の女優で、61年から64年までゴダールの伴侶でもあったアンナ・カリーナの存在である。コペンハーゲンからパリにモデルとしてやって来て、『小さな兵隊』（60）に起用されたカリーナが、どのようにゴダールと恋に落ち、結婚にまで至ったか、そして流産や自殺未遂も含めた波瀾万丈の結婚生活がどのようなものだったのかは、彼女自身によって繰り返し語られている（たとえばコリン・マッケイブ『ゴダール伝』を参照）。そうした私生活をも糧にしつつ撮られた『女は女である』（61）、『女と男のいる舗道』（62）、『気狂いピエロ』（65）等の7本の主演作は、映画史を彩るグリフィスとリリアン・ギッシュ以来の監督と女優との神話的カップルが生み出した作品群の系譜に輝かしい成果を付け加えている。

こうして60年代の新しい映画を代表する監督として名声の絶頂にあったゴダールは、驚くべきことに、『ウイークエンド』を最後に通常の商業映画の製作システムと訣別してしまう。新たなミューズとなるアンヌ・ヴィアゼムスキー（67年に結婚、79年に離婚）が初出演し、68年の五月革命を予告したとも言われる『中国女』（67）を一つの契機として、ゴダールは当時流行していた新左翼の思潮（特に毛沢東主義）に急速に染まり始め、資本家の帝国主義的支配に奉仕する商業映画に反旗を翻し、既存の映画のあり方をより根底的に問い直す戦闘的映画の製作に邁進するようになるのだ。激動の68年に続くわずか数年の間に、ゴダールは、若き毛沢東主義者のジャン＝アンリ・ロジェやジャン＝ピエール・ゴランをはじめとする新たな仲間たちとキューバ、イギリス、チェコ、合衆国、カナダ、中東諸国、イタリアなどを駆け巡って各地の「革命的」な状況をつぶさに観察しながら、ブルジョワ的な表象概念を徹底的に問い直すラディカルな作品を矢継ぎ早に製作する（実現に至らなかった企画も数多くある）。とりわけ、20年代のソ連で活躍した前衛的な映画作家の名を借りたジガ・ヴェルトフ集団名義で、いわば匿名的に集団製作されたものとして世に出された『ブリティッシュ・サウンズ』（69）や『東風』（70）などの5作品は、政治的ラディカリズムの時代に表象の政治性に対する考察を突き詰めた事例として、今なお異彩を放っている。

このようにすさまじい速度で60年代を駆け抜けたゴダールの動きを文字通り阻むことになるのは、１９７１年６月にパリで起こった交通事故だった。大型バイクの後部座席から路上に投げ出されたゴダールはバスの下敷きになり、一週間にわたって意識不明の重体となったのだ。なんとか恢復してゴランとの共同監督で数年ぶりの商業映画『万事快調』(72)を完成させるものの、同作は興行的には振るわず、ジガ・ヴェルトフ集団も実質的に瓦解してしまう。ゴダールと決裂したゴランはアメリカ合衆国に渡り、代わりに、スイス人の才媛アンヌ＝マリー・ミエヴィルがゴダールの公私にわたる新たなパートナーとなる。

ゴダールが次に取った行動は、大胆にも、映画産業の中心地であるパリを離れることだった。ミエヴィルとともに73年末頃にフランス南東部の地方都市グルノーブルに拠点を移してアトリエ「ソニマージュ」を構え（77年春には終生の居住地となるレマン湖畔のスイスの街ロールに移転）、当時の最新テクノロジーだったヴィデオを活用しながら、「よそ」の政治的状況を観察するよりも、自分の今いるところ（「ここ」）で映画を作ることに没頭するのである。その姿勢が最も鮮明に現れているのは、１９７５年に完成した重要作『ヒア&ゼア・こことよそ』にほかならない。70年にヨルダンなどで撮影したまま放置していたフッテージをミエヴィルの助けを借りて仕立て直した本作は、パレスチナ革命という「よそ」と、テレビでその映像を眺める家族という「ここ」の懸隔を考察の対象とし、その後のゴダールが親パレスチナ的立場を取り続ける契機にもなった。

　こうして半ば隠遁しているかにもみえたゴダールは、１９８０年のカンヌ国際映画祭に、久しぶりに35ミリで撮った物語映画『勝手に逃げろ／人生』を出品して、商業映画の世界への復帰を高らかに宣言する。以後、35ミリの長篇劇映画とヴィデオを用いたより実験的な短篇・中篇を並行して作りながら、畢生の大作と言ってよい『ゴダールの映画史』（88―98）を完成させるまでの約20年間は、ゴダールの約70年におよぶ長いキャリアのなかでもとりわけ豊穣な成果が生み出された時期である。『パッション』（82）や『カルメンという名の女』（83）をはじめとする80年代作品では、映像と音の結びつきは60年代作品にも増して自在に解体・再接合され、「ソニマージュ」と呼ばれる斬新な音／映像の複合体を形作る。物語に関しても、複数の系列《セリー》が撚り合わされたり、極度に断片化されたり、無数の引用を含むようになることで、時には筋書きをたどることすら困難になる。『軽蔑』（63）以来の映画作りの主題が、『パッション』から『右側に気をつけろ』（87）を経て『フォーエヴァー・モーツアルト』（96）に至るまで繰り返し取り上げられているように、この時期のゴダールは映画とは何かを絶えず問い直しながら、前人未到の映像表現を開拓し続けていた。

　こうした35ミリの長篇劇映画における探究と並行して、ゴダールは１９７８年にモントリオールで映画史をめぐる連続講義（『ゴダール　映画史（全）』奥村昭夫訳、ちくま学芸文庫、２０１２）を開催して以来、『映画史』の構想も温めてきた。自らを育んだ古典的な時代の映画史を独自の観点から振り返ろうとするこの企画は、構想から四半世紀近い歳月をかけて、無数の映画作品の引用のコラージュからなる全8章、4時間半におよぶヴィデオ大作に結実する。ここでは80年代を通じて磨き上げられ、短篇「言葉の力」（88）で自家薬籠中のものとなったヴィデオ映像の諸技法が大いに活用されているだけでなく、50年代からゴダールを形作っていたネオレアリズモやヒッチコック等の個別の映画はもちろん、映画史、映画芸術、さらには映画と20世紀の歴史（特に第二次世界大戦）の絡み合いをめぐって、刺戟的な見解の数々が開陳されている。自分にとって映画の歴史とは何か、映画とは何かを考え抜き、みずからの映画的人生の集大成となった『映画史』によって、ゴダールの20世紀は閉じられることになる。

21世紀に入ってからのゴダールの関心は、基本的には90年代の延長線上にある。『愛の世紀』(01)のレジスタンス、『アワーミュージック』(04)のサラエヴォ、『ゴダール・ソシアリスム』(10)のスペイン市民戦争のように、長篇劇映画で扱われる主題も『映画史』までの作品に登場するものだし、『映画史』的な引用のコラージュという手法もそれらの劇映画の一部で、あるいは最後の長篇となった『イメージの本』(18)のように全篇にわたって用いられている(これらの作品はほとんど『映画史』のリメイクのようだ)。新機軸なのは、とりわけ『ソシアリスム』でファブリス・アラーニョが本格的な協力者となって以来、デジタル・テクノロジーを規範に抗って使うようになったことだ。同作の第一楽章における多種多様なイメージの異種混淆や、3D映画『さらば、愛の言葉よ』(14)で正常な立体視を形作らないショットをふんだんに差し挟むさまは、骨の髄まで染み込んだ実験精神が高齢になっても健在だったことを示している。

『イメージの本』完成後、ゴダールは『シナリオ』と題した新しい企画に打ち込んでいたという。2021年には、同作と『奇妙な戦争』というもう一本の作品を撮って映画に別れを告げるという談話も報じられた。だが結局ゴダールは、2022年の夏にみずからの生を自殺幇助によって終わらせることを選択した。スイスの自殺幇助団体エグジットとの協議で、日取りは9月13日の午前に決まった。遺体は2日後に火葬され、ミエヴィルとアラーニョによって遺灰はレマン湖に撒かれたという。

対談　浅田彰＋菊地成孔

こんなかっこいい人はいない

ゴダールと死

——ゴダールが9月13日に亡くなりました。訃報を聞いてどういう印象を持たれましたか。

浅田　50年代終わりからジグザグの軌跡を描きつつ疾走してきて、これまで何度死んでいてもおかしくない人だったので、よく90過ぎまで生きたな、と。さすがにもう無理だというので、自殺幇助による死を選んだ、それはごく自然なことだと思います。生きたい人は生きられる、死にたい人は死ねるというのが文明だとすれば、スイスはそういう文明国だった。そこで自分のフィルムをハサミでカットするように自分で終止符を打った。遠くから見ているファンの感想にすぎないけれど、かっこいい編集だと思いましたね。

——スイスでは許されているということですが、自殺幇助という点については何故だったと思われますか。

浅田　スイスだけではなく、オランダなんかでも事実上合法化されていますね。スイスには自分の利益のため他人に自殺をそそのかしたり幇助したりしてはいけないという法律があり、それを逆手に取って、本人が死を望むなら医師が自殺幇助してもいいということになったようです。

妙なもので、世界中の金持ちがスイスの高級クリニックで楽に死ねる一方、日本も含めて大多数の国ではわれわれ庶民は末期ガンになってもチューブでベッドに縛り付けられ、とくに最後の半年や一年は高価な薬を流し込まれて、いわば医療・製薬資本が莫大な利益を上げるためのネタとして苦しみ続けないといけない。

もちろん、苦しくとも生きたいと言う人の意思は絶対に尊重されるべきですよ。例えばスーザン・ソンタグは二度がんを克服した後、最期に白血病でいよいよ絶望的な状況になった時も「医者ごときにクオリティ・オヴ・ライフを判断されたくない、私はただただライフを望む」と言い、苦しみ抜いて最後まで生きた。それはそれでかっこいいと思うものの、誰もがそうやって英雄的に病と闘えるわけではない。ぼくだったら早めに安楽死させてもらいたいですね。

――ゴダールの映画のようにいきなりカットアウトみたいな形で人生が終わったという印象があったと思います。人生を編集という意識はゴダール自身にあったと思われますか。

浅田　50年代の終わりから10年ほど圧倒的な速度で疾走し、芸術的に過激になると同時に政治的にも過激になった。そのあげく、71年にジャン＝ピエール・ゴランとパレスチナに行き、『勝利まで』というタイトルでパレスチナ解放人民戦線（ＰＦＬＰ）の戦士たちの映像を撮ったにもかかわらず、映画を完成できずにいるうち、戦士たちがイスラエルではなくヨルダンによって粛清されてしまう。また、個人的にもバイクで事故を起こし、ゴランとは別れてそのとき看護してくれたアンヌ＝マリー・ミエヴィルと組むことになる。で、手元に残った死んだ戦士たちや周囲の人たちの映像をつぶさに再検討する過程で『こことよそ』という全く新しい作品が生まれ、76年に発表される。それは、世界同時革命の夢を捨て、「いまここのフランス」と「あの時のパレスチナ」の間に存在する「と」を接続詞であると同時に障壁でもある何かとして考察する、そのためヴィデオによるフィルムの脱構築をメディア論的手法として採用とするというラディカルな試みだった。つまり、いくつかの事故に遭って人生が変わり、作品も根底的に組み変えられるわけですね。

ちなみに、71年には足立正生もパレスチナに入って『赤軍ＰＦＬＰ・世界戦争宣言』を撮影し、その後、向こうで数年間服役して日本に帰ってきてからも、『断食芸人』で安倍晋三を諷刺し、『REVOLUTION+1』で安部を射殺した男を描くといった旺盛な活動を続けている。もちろん大変な苦労をしてきたのだろうけれど、言ってみればずっと「勝利まで」歩み続けているわけですね。それに対し、ゴダールは71年前後に人としても作家としても死んでもおかしくないぐらいの事故に遭って挫折し、70年代に長い試行錯誤の期間を経てたあと、80年の『勝手に逃げろ／人生』以後の地平へと抜け出していく。足立の一貫性に比べるとめちゃめちゃな人生ですよ。そのめちゃめちゃになった人生の断片を辛うじてモンタージュしながらここまで来た。そういう感じじゃないでしょうか。『ＪＬＧ／自画像』あたりになると「映画を編集するように人生を生きる」という感じがはっきりしてくるけれど、それは晩年に人生を振り返って描かれた自画像であって、最初からそのように意識して生きてきたわけではない。疾走しながら何かにぶち当たり、それでもまた疾走を続けるという感じでジグザグの軌跡を描いてきたんじゃないかと思います。

――事故があってミエヴィルと一緒になり、80年代に商業映画に復帰しているわけですが、それ以後は死ぬことみたいな意識も同時にありながら映画を撮ってたようなところはありますか。

浅田　そう思いますよ。グルノーブルに引っ込んだあと、レマン湖畔のロールという小さな町に籠もって、『ＪＬＧ／自画像』なんかだとほとんど自宅撮影・自宅録音で一本撮ってしまう。全体にメランコリックな色彩が強くなる。それはいわゆる商業映画でも同じでしょう。

『ゴダールの映画史』なんかになると、「これらの映画の断片の総体が私の身体である、そのようなものとしての私＝映画は死に、しかし甦る」と言わんばかりのところがあって、かっこいいには違いないものの、さすがにキリスト教的に過ぎるようにも思いますけどね。

――菊地さんも「遺作の連作」とおっしゃってましたよね。

菊地　『ゴダール・ソシアリスム』あたりからですね。もうどれが遺作になってもいいような、遺作が何作も続くような姿を見せてきた。生命体としての死に方は兎も角として、「遺作がセリー化する」というのは、よくよく考えるとかなりのラディカリズムです。「ガン等で余命宣告された監督が、死期を知ったまま作品を」といったメロドラマとは全く違うことをゴダールは表現した。遅延された死でもない、生死の彼岸に辿り着いた、とかでもない。死をコピーしてループしたのであって、とんでもないミニマリズムだと思いますが、結果的に「実遺作」となった『イメージの本』はオリジナル映像はほとんどないので、最終的には引用に純化されて、自主的に死んだ。死に予断とコントロールと問題意識をかませた。そこも含めて、浅田さんがおっしゃるように、本当に、気障ギリギリまでかっこよくやったと思いますね。つじつまが合っていると言うか。

さまざまな二重性

――今日はゴダールの二重性みたいなことをテーマにしようと思うのですが、その点についてどうですか。

浅田　まずはスイスのフランス語圏で育った人だから、フランスではスイス訛りの変なやつだという感じになる。かつ、母方のモノー家はプロテスタントの名門で、祖父はパリバ銀行の創設者の一人だったり、『偶然と必然』で有名な分子生物学者ジャック・モノーも遠縁だったり……。ところが、ジャン＝リュックは不良になる。でも、本の万引きくらいはするものの、フランソワ・トリュフォーのような本物の不良じゃない（笑）。で、トリュフォーはまさに『大人はわかってくれない』で不良の映画を撮り、その後もいわば映画の不良として一貫して好きなように撮り続けた。ゴダールもそんな風に撮りたいと思っていたのかもしれないけれども、どうしても自然体で撮ることができない、ぎくしゃくしちゃうんですよ。

――その二重性が一番出てる作品は何になりますか。

浅田　最初の頃からそうでしょう。ヌーヴェル・ヴァーグはアーティスティックだという誤解があるけれども、フランスではいわゆる「第七芸術」として立派な芸術映画を撮ろうという流れがあったのに対し、ハリウッドの方がかっこいい、ヒチコックの方がかっこいいというのがヌーヴェル・ヴァーグです。トリュフォーはそうだった。ゴダールもそういうのに憧れて、ポップ・シーンの最先端を走るジャン＝ポール・ベルモンドなんかとポップな映画を撮りながら、たとえば『気狂いピエロ』では裸で空っぽの浴槽に入ったベルモンドがエリー・フォールの『美術史』からベラスケスを論じた一説を読んだりする。そもそも映画の中で本を読むなんて、普通に考えたらダサいでしょう？

菊地　(笑)。

浅田　本なんか関係ない世界で疾走する映画を撮るはずが、突然、こともあろうにベルモンドにエリー・フォールを読ませるんですよ？　だから、60年代のゴダールはヌーヴェル・ヴァーグから前衛へと疾走したと言ったけれど、ゴダールの「ヌーヴェル・ヴァーグ」つまり「新しい波」は、最初から新しいようで古く、古いようで新しいものだったんです。

――どの作品もそうしたものがあるような感じがしますよね。二重性があって、観てもよく理解できないけど、何となく感覚的にはキャッチできるような不思議な映画だらけ。

菊地　スイスかフランスかという問題も、他のクリエーターにもあっていいと思うんですが、こんなに極端に出てる人は珍しいですね。最初は訛りこそあれ、フランス映画を撮ってたと思いますよが、ある時からスイス映画になるんですよね。〇〇映画という言い方をするならば、製作資金源を元にしたら、もうゴダールの映画は途中から4ヶ国映画とかになるんですけど、初期の比較的ゴダールがエースで、お金を稼ぐかもしれないなと思われていた頃は、〈ローマ・パリ・フィルム〉という、ジョルジュ・ド・ボールガール、カルロ・ポンティ、ディーノ・ディ・ラウレンティスという伊仏を股にかけた大物プロデューサーがチーム化した制作会社による「金のかかった感のある作品」と、ピエール・ブロンベルジュが単独で制作しているような「金かかってない感がある作品」の両極を抱いていた時期もあります。前者で典型的な『軽蔑』は、イタリアの金持ちとゴダールが上手くやれないという事実を残して、イタリアはゴダールから撤退してゆくわけですけど、後者の典型である『女と男のいる舗道』では、ミシェル・ルグランとの確執があり、つまり、イタリアともフランスとも、いうまでもなく資本主義とも、座りが悪い格好になってからは、スイス映画になっちゃうんですね。レマン湖畔ばっかり出てきて、とてもフランス映画には見えないようになっていく。「どの国が制作費を出すか?」というのも、欧州映画には欠かせない視点ですが、ゴダールは、映画というメディアが構造的に秘匿しがちの二律背反を、全部露見させたスタイリストだと思います。

浅田　政治運動で行くところまで行ったあげく自宅映画になって、自宅がたまたまスイスだったに過ぎないと思うんだけど、逆にそのことによってフランスのヌーヴェル・ヴァーグという分かりきった枠から外れてしまったんですね。

——浅田さんが出されていた追悼文で、91年に及ぶ生涯のフィルムをカットして、その切断面はゴダールの編集術のようにあらゆる接続を得て開かれているとおっしゃってます。ゴダールは凄く多面的な人だと思うんですけども、開かれてるというのはそういうことなんでしょうか。

浅田　映画自体が異質な要素の束みたいになっているでしょう。例えばゴダールがスタジオでのローリング・ストーンズを撮った『ワン・プラス・ワン』を観て、ローリング・ストーンズのことがよくわかるかというと、そういうわけでもない。しかしローリング・ストーンズはやはりかっこいい、ゴダールもかっこいい。そういうことなんじゃないんですか。映画作家とミュージシャンの対話から新たな作品が生み出されたとか、そんなことは全然ない。とにかく2つのものがぶつかって、加速器でぶつけた素粒子が不思議な軌跡を描いて飛び散ってくように、飛び散っていくわけですよね。

——なるほど、わかりました。ありがとうございます。

ECM音源の使用

浅田　ところで、この対談はラジオで映画のことを延々喋るという過激な企画ではあるわけですが（笑）、考えてみれば90年の『ヌーヴェル・ヴァーグ』という映画（映画の運動としての「新しい波」ではなくレマン湖の新しい波で、昔のジャン＝ポール・ベルモンドに替えてアラン・ドロンで撮った）のサウンド・トラックをECMが丸ごとCDにした（いわゆるサントラ盤ではなく）ことがありましたね。音だけで体験する映画があっていいじゃないかという感じで、目の見えない人がそれを聴いた感想がライナー・ノートになっていた。そういう意味ではゴダールについて語るだけのラジオ番組というのも案外面白いかもしれませんね。

ECMというのはマンフレート・アイヒャーが始めたレーベルで、ヨーロッパのジャズなんかから始めて、それからだんだん現代音楽風のもの、アルヴォ・ペルトとかにも手を伸ばすようになった。

菊地　「New Series」と言われるものですね。

浅田　そうそう。今年も、ウクライナ戦争で故郷から逃れてきたヴァレンティン・シルヴェストロフのCDを出したりしている。そのアイヒャーが、とにかくECMのCDを全部ゴダールに送って、好きに使っていいと言った。透明感のある録音が気に入ったのか、ゴダールがそれを適当に使い回すようになった。デヴィッド・ダーリングとか、ケティル・ビヨルンスタとか、ハンス・オッテとか、まあちょっと聴いて知ってはいたけどCDを買うことはないなと思ってた人たち……。

菊地　それは（笑）。

浅田　しかしゴダールが引用するところはすごくいいわけですよ。で「これ最高！」と思ってついつい買っちゃうんだけど、CDを全部聞いても大したことはない（笑）。明らかに一番いいところだけを取って、絶妙なタイミングで使っている。そのセンスがゴダールなんですよ。場合によってはそれを何度も使い回すから、ファンからするとまたあの音とか思う、でもかっこいいんですよね。

菊地　マンフレート・アイヒャーは、芸術至上主義者的に見られがちですが、大変な商人で、ゴダールに自社製品の権利を全面的に解放した。この典型例が「ECM映画」とさえ言われた『愛の世紀』ですが、アイヒャーの商魂が、かなり先鋭的だったのは、その後のECM、その後の世界を見ても一目瞭然で、それまでゴダールは家にあるレコードとかをクリアランスせずに好きに使ってきた。『映画史』で一度訴えられて敗訴しただけです。こんな話、ハリウッドでも日本でも考えられない。というか、ゴダールが可視化させた、「観客に秘匿される側面」の一つなんですが、「実遺作」が「実遺作」たる側面として、「クリアランスなし」の純化が『イメージの本』ですから、回帰したわけですよね。しかも、『イメージの本』のエンドクレジットは、本来、クリアランスを明示するためにある、ハリウッド映画のエンドクレジット（の、引用音楽一覧の部分）と、見た目瓜二つなんですよ（笑）。ずらっと引用元が並んでる文字列ですから。ここを物凄いと思うかどうかが、ゴダールの可視化の力に対する、鑑賞者の力だと思いますが。話をアイヒャーに戻すと、ECMマニアの間では、「アレは届いたやつを順番に、冒頭一曲目から使ってるだけで、全部曲を吟味して使っているのではない」という説もありますね。というのは、チェックするとA面の一曲目が多すぎるからなんですが（笑）、だったとしてもかっこいいんですよ。切り取ることと繋ぐことの天才で、フィルムにはそれが遠慮なくやれてきた。でも音楽家が書いたオリジナル・サウンドトラックの音源には、腰が引け続けていた。それがある時、マンフレッドさんちからの仕入れで、好きに切り刻んで良くなった。これをヒップホップのネタのチョップにたとえたがる人も多いんですが、ヒップホップほど、ネタに愛がないんですよ。貰っちゃってるんで（笑）。ただ、一方でレコードマニアックにしっかり全部を聞いて見事に合わせてくる周到さもあって、一方でもう適当に箱開けて、1曲目の最初で良いよとばかりにどんどん切って貼ったら結局かっこいい、そういう意味では二重性があるかもしれない（笑）。

浅田　ゴダールは映画だってちゃんと頭から終わりまで見ているとは限らない。「映画には始まりがあって中間があって終わりがあるけれど、その順番である必要はない」という人だから。基本的にぱっと見て気に入ったところだけを何度も反復するんでしょう。本についてもそう。多分最初から最後まで通読した本はほとんどない。『気狂いピエロ』のエリー・フォールだって、たぶん通読してない。で、好きなところは何度も使い回すんだけれど、原典に当たってチェックするとたいてい間違ってるんですよ。僕は蓮實重彦と一緒にゴダールの『映画史』の翻訳の監修をやって、たいへんな苦労をして一応原典をチェックしましたけど、ほぼ全部不正確な引用なんです（笑）。だけど、当たらずといえども遠からずというか、もともとのオリジナルではなく、ゴダールが0から作ったオリジナルでもない、「ゴダールの引用した○○」になっていて、だけどそれが完璧に文脈に合ってるわけです。

無数の映画を全部見て、古今東西の本も読みレコードも聴いて、その膨大な情報を圧縮して見事な映画史を作ったというイメージは全く間違っていて、ゴダールが行き当たりばったり歩いて、たまたま気に入った映画や本やレコードの断片を記憶の中で転がしている、それを自分で覚えている形で引用するだけ。だから引用としては不正確なことがあるけれど、別にいいんですよ、研究論文じゃないんだから。その自由さがゴダールの開放性なんでしょう。

菊地　蓮實先生と浅田さんのたいへんなご尽力で、ゴダールの哲学書や文学の引用は結構いい加減、というかゴダール式の〈引用〉が、エヴィデンスとかソースとかいうリージョンではなく存在するんだってことが明確になっても、まだ一般性はないですよね。ゴダールはモンティ・パイソンに似た動きがあって、紹介された初動、「第一印象」と言っても良いレベルにおいて、教養がなければ理解できないのだ、という権威主義的ポテンシャルで共有されていたものが、どんどん気軽になってくる。

音楽の話が出たとはいえ飛躍が過ぎますが、チャーリー・パーカーのアドリブソロを、20世紀は、1音漏らさず完全即興だと誰もが信仰してきた。でも、事後調査により、今では30％超ぐらい、既成曲の引用が報告されています。有名曲とかではなく、店に入ってきた友達の曲、とかを一瞬でアドリブに引用できるという、凄まじいスキルがあった。それでもアドリブ語法に一貫性があるわけです。ゴダールは蓮實先生のおっしゃる通り「悪童」で、これはヤバい、という思いつきを最大限に最速に、かつかっこよくやっている。ジャズのアドリブソロと映画の撮影編集は、〈早いか遅いか〉という差があるだけで同じです。引用もオリジナルな語法を形成して、均質化できる。ということは、あらゆる創造行為のパンドラの匣を悪童がいちびって開けちゃったようなところもありますね。

だから、本を書かせる力がものすごく強い。黙って見過ごせないわけです。山ほどありますよね。だけど、僕はどれを見ても結局一冊も意味がわからないんですよ。僕の読解力の低さという知的程度の限界を差し引いても、これはかなりの事態だと思います。で、唯一、85年に出た「GS」だけなんですよね。詩人でもあり、ゴダールの研究家でもある松浦寿輝さんと浅田さんの対談。ここで出たのが有名な「不断の半勃起」という言葉。僕は久しぶりに読んだのでどちらがどのタイミングで仰ったのかなと……。

浅田 あれは松浦さんでしょ。

菊地 でした。とはいえ、お二人のグルーヴの中から出てきた言葉で、おいそれと出てくる言葉ではない。ゴダールが亡くなって総括できる状態になってみても、これが恐らく一番生命力が強いんじゃないかと思います。「DJゴダール」とか、「第七芸術」とか、「脱構築」も死ぬほど言われてるんだけど、やはりこの「不断の半勃起」が、ゴダールを見た時の一番強く残る感覚ですね。全勃起じゃないけれどインポテンツでもない。勃ってるんだけど、半勃起のままずっといく。「半勃起」も重要ですけど、僕には「不断」というところが凄く重要だったんですよね（笑）。ずっと半勃起である。この対談は85年のもので、『カルメンと言う名の女』とかの頃ですよね。

浅田 いま六本木ヒルズのできたところにWAVEってていうセゾンのCDショップがあって、その下にあったシネヴィヴァンという映画館でゴダールの『カルメンという名の女』が公開されたときに喋ったんですよ、たぶん。83年にWAVEができて、最初の頃のイヴェントですね。古き良きポストモダン・ジャパン（笑）。

ルグランとの愛憎

菊地　ゴダールの音楽の使い方が唯一無二だというのはほぼ間違いなく、ある意味、映像よりも広く直接的に後世への影響力が認められますけれども、ゴダールのざっくり60年近いキャリアの中で、音楽家が自分のためにオリジナルサウンドトラックを付けてくれた年数は、――『コンクリート作戦』やトリュフォーと一緒にやった短編『水の話』といった助走期を除いて――『勝手にしやがれ』を仮にざっくり起点とすると8年間しかないんですね。

60年間のうち8年間だけは音楽家と仕事をしていて、そこでやめるんです。8年目に何があるかというと、いわゆる社会主義、ジガ・ヴェルトフ集団入りする。要するに、僕はゴダールの半勃起というのは――これはその浅田さんがおっしゃったことじゃないから浅田さんに言質を取ることはできないけれども（笑）――ジガ・ヴェルトフ集団が終わって商業映画にカムバックした時からだと思うんですよ。

浅田　いや、確かにそうでしょう。

菊地　音楽家がいて主演女優がいた頃のゴダールは――こういう言い方もあれだけど（笑）――ビンビンに全勃起してたと思うんです。ジガ・ヴェルトフ集団の時期はインポテンツだったと思います。全勃起の状態から一気にインポテンツの状態に陥って、復帰してから死ぬまでが不断の半勃起だったというのが本当のところじゃないか。

浅田　言い換えれば、映画の美的・感覚的なところでエキサイトしてやっていた。しかしそこに政治が加わってくると、今度は逆に政治的なエクスタシーみたいな方に行くわけじゃないですか。だけど、世界同時革命で物凄いオルガスムになるはずが、無惨な形で挫折して内省を余儀なくされる。その意味で70年代はインポテンツの時代であると言えるでしょう。その頃のものも面白いけれど。

菊地　面白いですね。強度ではなく弱度というか。

浅田　だけど、80年代以降、不断に反復される半勃起状態みたいになっていくというのはおっしゃる通りだと思いますよ、松浦さんに代わって言うのもなんですけど（笑）。もちろん、初期が好きな人がいるのも当然で、例えばジョルジュ・ドルリューのつけた『軽蔑』の音楽はすごくいい。
菊地　すごいですよね。
浅田　あれをつけさせるだけの力はあった。ドルリューの中でももしかしたらトリュフォーの諸作より『軽蔑』の方がいいかもしれない。
菊地　これはゴダールに倣い、事後の校正段階で付け加えたものだと明記してから書きますが、ゴダールとドルリューの音楽の中で『軽蔑』が最高、かつ〈単品として〉とまで指摘する批評家も音楽家もいなかった。そこにゴダールにおける音楽の重要性があると思います。あれはゴダール作品中、ウェルメイドの極点です。
浅田　そういう美しい映画からさらに外に出たいというので、ジガ・ヴェルトフ集団になっていくわけだけれど……。
菊地　僕が映画批評するときは音楽と映画という立場に設定してしまっています。他の語るべき豊潤な教養が僕にはないというのもあり、そこ一点で行くんですが、いやいやゴダールについては誰もが音楽の話をしてるよと言われる。でも、ゴダールの音楽についての言及はいっぱいあるんですが、全部一緒で、カットアップ、サンプリングという話になる。これは音楽について聴いたり考えたりしていないとしか思えません。あくまで僕の史観ですが、ゴダールが何故このタイミングに死んだのかという話も含め、結局ヌーヴェル・ヴァーグは、いろんな人が死んじゃった中で、ゴダールとアンナ・カリーナとミシェル・ルグランとベルモンドは生きてたんですね。ベルモンドがどのぐらい関係してるかわかりませんけども。僕はミシェル・ルグランがゴダールにとってミソジニーの対象というか――ゴダールは女性に対してははっきりとミソジニーで、女性を崇拝して女性を美しく着飾らせるとともに、女性に裏切られ女性が憎くて女性を殺したいというのが同居してる人で、それはめちゃめちゃゴダールの映画からわかりやすいです。
僕はそれが、音楽家という職種に対しても向けられてたと思うんです。音楽そのものではなく。美ではなく女優に限定されるように、生身のものとしてですね。この視点について、フランス人でも何人でもいいから誰かが掘り下げないかなと思って探してみたんですけども、あんまりないですね。ゴダールが比較的のびのびした時代、例えば『勝手にしやがれ』はマルシャル・ソラルというアルジェリア生まれのジャズミュージシャン。日本でいうと『ルパン三世』をやった大野雄二さんみたいな。

浅田　お洒落でしたよね。

菊地　当時はヌーヴェル・ヴァーグ＝モダンジャズという不文律があって、それに乗っかった。『小さな兵隊』はモーリス・ルルーという人で『赤い風船』という映画が有名です。これは奇人というか、クラシックにありがちな変わった人ですが、その後に『女は女である』がやってくる。ゴダールの初のカラー作品で、最初の奥様を初めて主演にした。初ものづくしだとよく言われるんですね。わずか3年か4年後には、ゴダールとカリーナの仲は冷えきるんだけれども。

　今からする話はゴシップ詰めいてるので言うのがためらわれるところでもあるんですけど、どうしてもゴダールの初期、全勃起していて、政治のエクスタシーの誘いが来る前の、音楽家と主演女優がいて映画を撮っていたわずか8年間のゴダールの作品を見る限り、ゴダールがものを愛する時に、愛憎が入り乱れてどっちだか分からなくなるぐらいまでいってしまうような愛し方をするんだということを、アンナ・カリーナでまず女性に対して、そしてルグランで音楽家に対して初体験したと僕は思ってて。

浅田　なるほどなるほど。

菊地　例えば先ほどおっしゃったようにドルリューはすごくいい仕事してます。63年、『軽蔑』。僕も大好きなんですけど、ゴダールは一番つらかったと思うんですね。さっき言った、ローマ・パリ・フィルムによるいわゆるビッグ・バジェット系ですが、ブリジット・バルドーの裸が少ないから撮り足せと言われるとか、プロデューサーが偉くてお金持ちなので、いろいろあったと思うんです。ボールガールはゴダールに大変理解があったわけですけども、イタリア側の人達が……ええと、『軽蔑』のイタリア版って音楽はドルリューじゃないんですよ。

浅田　あ、そう？

菊地　ピエロ・ピッチオーニという、それはそれでイタリアの一流のサウンドトラックメーカーですが。ドルリューは全部外された。ていうのは、ドルリューが作った曲はいいんですけど、M数が少なくて、笑える時でも移動の時でもちょっと夫婦ゲンカで膠着してる時も、あらゆるシーンに同じ曲が流れるんです。M数というのはミュージック数ですけど、シーンごとに合致した曲があって、たまにライトモチーフの反復があってという、映画音楽の骨法から外れている。2つくらい納品させたものをとにかく周到に使っていくので、途中からふざけてるみたいな感じがしてしまう。本当に美しいスコアなんですけど。これもさっき言いましたが、ホン・サンスまで含めた、ある種のミニマリストや、低予算の娯楽映画でも、のちに当たり前になるやり方で、では何故ゴダールがドルリューに2つしか納品させなかったのかと考えると、63年の段階ではそんなに顕在化してないと思うんですけど、ドルリューといえばトリュフォーの懐刀ですよね。で、ゴダールとは1作しかやってなくて、それが『軽蔑』なんですけども、差し替えられるわ、貼られすぎて脱構築するわで、ドルリュー自身はそのことが屈辱的だったと話している。なんか、ジェラスによる嫌がらせが美しく、かつ様式化する力まで持った感じで、これは音楽以外のファクターからは見えづらいし、そもそも音楽としても見えづらいですね。

ルグランはいうまでもなくジャック・ドゥミの相棒でもあります。ドゥミはピアノが弾けましたから、有名な『シェルブールの雨傘』と『ロシュフォールの恋人たち』はラッシュを見ながらルグランと連弾で一緒に一台のピアノを弾いて、ここはこうしない？いやこうしようってイチャイチャしながら曲を一緒に作っていったのをゴダールは見ている。『女は女である』の後ですよ（笑）。もうなんか、三角関係とか寝取られの欲動まで感じるんですが、それはともかく、ルグランはお姉さんが有名なシャバダバダのスウィングル・シスターズのファースト・ソプラノ。お父さんも音楽家で、自分はナディア・ブーランジェ門下ですね。〈お洒落なパリの人〉みたいなイメージで雑に捉えられてますけど、ルグランの本領はアメリカと同じ水準のジャズができたり、書けたりするっていうことです。日本人だと、黛敏郎がそうなんですが、これはあまり指摘されません。

『女は女である』ミシェル・ルグランの本格的なスクリーンOST作家としてのデビューですから、ルグランはすごい張り切ったと思うんですよ。で、ゴダールはゴダールなりのひねくれたところで、〈主人公が歌わないミュージカルだ〉と構えるわけです。そうすると歌の練習とか合わせとか、ソングライトの精査とかの時間が要らないので、ルグランはある意味、作業コスパよく好きなだけ書けばいいですよ。相当なM数が『女は女である』に投下されたと思うんです。痕跡がありますから。冒頭に流れる曲が、もうメドレーなんですよね。主題歌も挿入歌もないから、BGMのメドレー、なんですけど（笑）。あと、生ゴミ捨て場みたいなシーンもあって、最後の方のカフェでベルモンドとカリーナが大して意味もなくだらだら喋ってるシーンが長いんですけど。御馳走がいっぱい入ったおせち三段重みたいなのが来たけど食べきれないでもてあましちゃったんで、残ったやつをただ並べてるようなことになっている。途中で胸焼けして、ジュークボックスでレコードをかける。という機械性で口なおししたりしながらも続くんですよ（笑）。

浅田　（笑）

菊地　音楽家が大喜びでグイグイに作ってきたスコアを自分でフィルム上でさばききれなかった。というのは、監督として、というより、ゴダールとして、何かしらの、屈辱と呼んでいいのかわからないですけど、陰性のものが生じたと思うんです。その後の動きを見てると。その後『女と男のいる舗道』でルグランは27の弦楽のスコアを送るんですが、ゴダールがわずかそのうち1つか2つかしか使わなかった。『女は女である』の反省を生かしたのかもしれません。ただ、その次の『軽蔑』がドルリューで、生のオリジナル弦楽をまるでサンプリングのようにして使い、その後『はなればなれに』でルグランに戻ってくるんですね。

ミシェル・ルグランの研究家の濱田高志さんという方が非常に詳しく書いてらっしゃるんですが、『はなればなれに』の時にルグランがギャラアップを請求した。ルグランは多作家と言うか、書き過ぎるぐらいの人なんですね。ゴダールの現場がどのぐらい薄給だったのか分かりませんけども、賃金アップを要求したら資本主義的だということでゴダールが物凄くキレた。

キレた結果何をしたかというと、『はなればなれに』のオープニングのクレジットに「ミシェル・これで最後の・ルグラン」と出すんですね。

浅田　ああ。

主演女優と音楽家との別れ

菊地　長い間、何故「これが最後の」かわからなかった。ヌーヴェル・ヴァーグを愛する人たちは平和主義というか、当時の批評を読むと、あまりの牧歌性に驚嘆するんですが、『はなればなれに』にはルグランの素晴らしい楽曲があって、しかしその上にわざわざ口笛で『シェルブール』を吹いて、何の曲だかわからなくしちゃってる。それも同じヌーヴェル・ヴァーグの仲間を応援する為に入れてあげたんだという前向きな読まれ方をされがちなんですけど、何回聴いても、上から塗り潰すようにしか聴こえないし、愛憎が入り乱れてる感じが漏れちゃってる。「これで最後の」なんてクレジット見たことないし、で、実際、これで最後になるわけですね。これでルグランとの関係は終わる。アンナ・カリーナとは離婚後の第一作で、アニューシュカ・フィルムの第一作です。

で翌67年でゴダールが商業映画を捨てると。カンヌ映画祭を中止させた年という形でスキャンダラスに一括りにされることが多い年ですが、67年は前半と後半に分かれます。後半でゴダールはジガ・ヴェルトフ集団に動いていく。前半には「未来展望」というオムニバスがあって、それがカリーナと撮る最後なんですね。65年の『気狂いピエロ』で離婚してるから、離婚して2年。間に『メイド・イン・USA』というカリーナがかわいいんだかなんだか、もうよくわからない映画が挟まれて（笑）、「未来展望」というあんまり日本人が目にしないオムニバスがあった。これは全監督の全話にルグランが統一で音楽を付けてるんですね。この「未来展望」で、結果としてカリーナとルグランと実質上の完全決別するのが67年の前半だった。この決別を受け、いよいよ〈主演女優〉と〈音楽監督〉という生身がいない現場に8月以降、突っ込んでいく。

まあルグランがドゥミとイチャイチャしてたのを見

ちゃったのと、カリーナが他の男とイチャイチャしてるのを見ちゃったことで、ゴダールの愛し方がどうしてもミソジニックにならざるを得ない。それは監督と主演女優の間では語られやすいことで、比較的ゴダール穏健派というか、初期の画面が素敵で可愛いおしゃれゴダールだけを見ましょうという渋谷系の人たちはそのことに関して、結構あからさまに語るんですね。愛と別れとか、アムールの話が好きなので。だけど、その人たちですらゴダールとルグランについては何にもない。なぜ映画を見る人は、音楽監督と監督の間に何かの確執がある可能性を考えないんだろうと思います。「僕は映画音楽家として、現場を知ってるので」的な話では全くなく。

浅田　なるほど。

菊地　『女は女である』の胸焼けをすっきりさせようとして『女と男のいる舗道』はルグランの曲とは別に流行歌みたいな、いわゆるコインで買える歌でアンナ・カリーナを1曲踊らせたり、自由な形になってきた。

で、『軽蔑』があって『はなればなれに』があって、アントワーヌ・デュアメルによる『気狂いピエロ』があって、67年『ウイークエンド』が最後です――『ウイークエンド』もアントワーヌ・デュアメルですね――ゴダールの映画音楽作家として最後に仕事したアントワーヌ・デュアメルは非常に優れた作曲家で、『軽蔑』と並ぶクオリティのクラシカルな弦楽をゴダールに提供して、ゴダールにミソジニーを発症させなかった老賢者的な音楽家です。

これはスリップもいいとこなんですけど、林光という音楽家がいます。どちらかというとクラシックの人ですが、映画音楽もやります。一般的には大島渚と、まあ新藤兼人御用達の人ですね。大島渚の松竹ヌーヴェル・ヴァーグからずっと相棒です。それがある日、『戦場のメリークリスマス』になって、林光撤退、坂本龍一登場で、また時代が動く――というような話まで入っちゃうと話が止めどないんだけど（笑）。

林光が吉田喜重と『秋津温泉』という62年の映画で一回だけ邂逅しています。吉田喜重と岡田茉莉子の結婚するきっかけになった映画です。その映画だけは林光が書いてるんですよ。吉田喜重の他の作品を林光は一つも書いてないんです。

で、このタッチがめちゃめちゃ『ウイークエンド』と『気狂いピエロ』に似てるんです。重い弦楽なんですけど。ベートーヴェン的と簡単に言えてしまうような古典的な手法で書かれた重いマイナーな曲で、それが執拗に何回も流れる（笑）。『秋津温泉』は62年ですが、ひょっとしたら逆に65年の『気狂いピエロ』に影響を与えたんじゃないのと。エンディングの溝口健二の海のカットは誰もが言うんですけど。こっちへの指摘がねえぞ、という（笑）。

ゴダールの引用については20世紀の間は権威主義的で、溝口健二だったら引用の対象と認めてやろう的な検閲があったのは暗黒時代の反省として（笑）『秋津温泉』は、ひょっとするとひょっとする、と僕は思うんですが、誰とも話が通じないんですよ。おそらく浅田さん以外とは（笑）。

なので、このお話いただいてからずっと企んでいたことなんですが、今日音だけ持ってきたんですね。浅田さんと一緒に林光の『秋津温泉』を聴いて、実証性を確認しようかと（笑）。これ実は『ウイークエンド』なんですよねって言われてもわかんないくらいなんですよ。そして『秋津温泉』は3時間近い映画なんですけど、Mが2つしかないんですよ（笑）。

浅田　（笑）。

菊地　その間M1もM2も15回以上流れるんでびっくりしました。これが『気狂いピエロ』の冒頭ですってブラインドで言われたらひょっとしたらそうだと思ってしまう人がいてもおかしくないスコアだったんですよ。これがとにかく何回も出てくるんです。途中からたくまざる異化効果が生じてるというか。（＊実験の模様は音声にて）

浅田　さっきの『軽蔑』にも近いところがありますよね。シーンの質にかかわらず――。

菊地　同じ曲がどんどん流れる。それは音楽を愛してるのか憎んでいるのかわからないような行為で、やってる方もわからなくなってると思うんです。最初の数回はとても気持ちいいんですけど、また来たよ、また来たよと思ってる間にだんだん音楽を粗末にしてるようにも見えてくる（笑）。微妙な愛憎は感じるんですけど。

浅田　その話はとても面白いですね。もうこれ以上ないほど女性的な女性、女性の魅力全開というようなアンナ・カリーナがいて、またこれ以上ないほど音楽的な才能に満ち溢れたミシェル・ルグランがいる時に、もちろん大いに心惹かれるんだけど、同時に「あいつらの魅力に引きずられるのは癪だ」というアンビヴァレントな感情が生まれてくる。確かにゴダールはそういう感じですね。ドルリューでもいい曲はあるんだけど、もう同じところを何度でも使い回せばいいというので、今の『秋津温泉』に近い（笑）。言ってみれば、女優なり音楽なりが自分の映画全体を支配してしまうのは許しがたい、むしろ映画作家である俺が好きにサンプリングしてリミックスする、お前らはその素材となるサンプルに過ぎない、という感じかな。

菊地　ルグラン以外の音楽家の時には比較的ストレートに音楽愛を感じるんですけど、ルグランの時だけは字幕にわざわざ書いたり、せっかくオリジナルスコアを書いてもらって流れてるのに、主人公の一人がそれを口笛で覆い隠したり、それが『シェルブールの雨傘』だったりっていう、いけずなことをするわけで。

音楽の切断

浅田　『はなればなれに』で、カフェでジューク・ボックスの音楽か何かに乗って踊るシーンがありますよね。踊ってるんだけど途中で音だけ消えて無音になる。ああいうのがゴダールですよね。音楽家に全部任せてるのではなく、こっちで好きにカット・アップするんだ、と。

菊地　あれは手前に振付師がいて、振付師がヘッドホンなりイヤホンでリズム聴いて踊ってるのに合わせてるから、現場で音は鳴ってないはずです。じゃないと音を切ったときに少し溢れちゃうはずなので。

見えないけども、ちょっと後ろに回るとそういうものが見えちゃう。例えば『ワン・プラス・ワン』。あれは『ベガーズ・バンケット』という名盤の中の、「悪魔を憐れむ歌」という名曲です。有名な「フッフー」ってコーラスあるんだけど、あれもバンドと一緒に聞いたらかっこいいですけど、だんだん離れていって、録音ブースに入ると「フッフー」だけになるんで、間抜けみたいに見える（笑）。ローリング・ストーンズ

『はなればなれに』
©1964 Gaumont/Orsay Films

『はなればなれに』
発売元：アイ・ヴィー・シー
価格：Blu-ray ￥5,280（税込）
©1964 Gaumont/Orsay Films

がリズムが上手くまとめられないところに、カリビアンかアフロ・アフリカンかわからないけどコンガを叩く人がやってきて、一気に全員がその人におんぶに抱っこでグルーヴしていくとかね。ちょっとバックヤードを見せると随分違って見えるということも、どうしても言いたかった人ではあったと思いますよね。

浅田　さっきあれを観てローリング・ストーンズという一つの統一性を持ったグループの音楽性が理解できるわけじゃないと言ったけれど、いま言われたようにあのトラックがどうやって作られたのかがわかるという意味ですごくインフォーマティヴではありますね。で、全体にばらけてるんだけど、それが最終的にかっこいい。

菊地　ブラックパンサー党が出てくるじゃないですか。関係ないんだけども（笑）。あの関係なさとかね。

結果としてめちゃめちゃかっこいいっていう。倫理というか権威というか、そういうものによって、こんなとこ見せちゃったらかっこ悪いかもよとか、これはやっちゃダメとかいうものも、やったらかっこいいかもよって実際かっこよく見せちゃう才能があった。全部ウェルメイドに作ってもかっこよくできたのかもしれないけど、途中で破格を入れないと自分なりのかっこよさが出せなかったっていうのが、常にゴダールにはあったとは思います。

浅田　女性との愛に溺れるとか、音楽への愛に溺れるとか。それは否定しがたい快楽なんだけど、かっこよくないんですよ。

菊地　そうですね（笑）。

浅田　好きなんだけど、ここであえて切断する。そこがかっこいいんですよ。それが半勃起に行くのかもしれないけれど（笑）。

菊地　フランソワ・ミュジーの出現も大きくて、彼が出てくることによって、生の音楽家に嫉妬したり尊敬したりミソジニックな気分になる必要のない、物質として音楽を扱っていいというゴダールの音楽スタイルが出来上がる。さすがにそれはゴダールにかぶれた監督のほとんどもやってないですけど。

静かに音楽が入ってきて、いい感じになってきたなと思ったらバシって切るということだけがある種の手法というか様式になっていて、フランソワ・ミュジーがちゃんとそれを80年代以降はやってくれるようになる。このルーツは何かなと思って遡っていくと、『コンクリート作戦』を見ると、恐らくゴダールが音効さんもやってるんだろうなっていうのが手触りとしてわかるんですよね。レコードをかけておいて、それをボツって上げるということを生涯やめなかったとも言えます。

しかもフランソワ・ミュジーはそういう不器用な手つきを様式化してうまくやってくれる。フランソワ・ミュジーとゴダールの付き合いは長くて、『パッション』から登用されて、『さらば、愛の言葉よ』までやってますからね。

浅田　結局、ミュジーとアイヒャー（ECM）ですよね。確か『ヌーヴェル・ヴァーグ』でセザール賞の最優秀録音賞にミュジーらがノミネートされてたでしょう。あの辺で後期ゴダールの音の世界が出来上がっていく。

菊地　ソニマージュという理念も超え、いわゆるブラインド（盲目）の人々にも映画が鑑賞できる可能性があるという臨界までいった。ゴダールを見続けてきて、ゴダールに打たれたフランソワ・ミュジーだとか、マンフレート・アイヒャーだとか――まあアイヒャーは結構計算ずくというか、取れるもんは取るっていうとこもありますけど。

浅田　それが何と違ってたかというと、いわば「第七芸術」的な映画のある種の究極であるルキノ・ヴィスコンティでしょう。ヴィスコンティは「私の劇場」スカラ座でマリア・カラスを演出していたような人で、基本的にはオペラからちょっと映画に移行しただけじゃないですか。

菊地　全くその通りですね。

浅田　ブルックナーやマーラーが延々と流れて、美男美女のドラマが盛り上がる。ちなみに、フランシス・フォード・コッポラの『ゴッドファーザー』第3部もオペラみたいなものでしょう（俗っぽいマスカーニの『カヴァレリア・ルスティカーナ』を使うわけだけれど）。ゴダールにとってはそういうオペラの延長線上のお芸術は映画じゃない。そうすると、愛する女性であれ音楽であれ何であれ、ぶった切られてリミックスされる素材として扱わないといけない。さっきの話のように、最初は愛憎のアンビヴァレンスが透けて見えるとしても、晩年にはそれがさらにクールになってかっこよくなった。

菊地　最初の8年は音楽家もいたし、主演女優もいた。でもあまりに愛が重くて無理になっちゃった。そこで最初にとったのは極端な方法で、去勢というか、主演女優も消え、音楽も消え、ジガ・ヴェルトフ集団では自分の名前も消えてますから自分も消える。全部一気にズバっと切断したようなやり方です。ゴダールがなんで資本主義から社会主義に行ったのか、誰も実際のところを説明はできてない。そのことに関して周到に書いてある本はいっぱいあるんだけど、もともと『小さな兵隊』とか作って上映禁止になってるし、60年代当時の欧州の、特にフランスの知識人芸術家はみんな左翼でしょっていう漠然とした理由で（笑）、ゴダールが行ったのは当然という以上の説明がないんです。

タイミングがあるじゃないですか物事には。いつやるか、何をきっかけにやるかというアクションを起こす内的なきっかけが説明されてない。僕はそれを説明できるのは、さっき言ったように、もうカリーナとルグランとの仕事を終わらせたいっていう。

浅田　（笑）。

菊地　で、実際終わった。このタイミングしかない、っていう感じじゃないかなと。仮説ですけども。ミソジニーの人にありがちですけども、そこまでは一生懸命頑張って死にものぐるいで、胸をかきむしる地獄の愛を苦しむんだけども、とはいえ、そこですごい美しいものを作る。でももうこんなのは疲れたんだと、一気に「やーめた」となる。それが商業映画に戻って少しずつ戻ってくるんだけど、その時は色んな意味でインポテンツを経由した半勃起の状態がやってくる。

音楽はその時にはもうすごいスタイリッシュに面倒を見てくれる人がいてくれる。クリアランスの問題もリスペクトで解決する、箱入りのプレゼントを周期的にくれる人も出てくる。愛の苦悩で七転八倒することはしなくてよくなったとは言えると思います。

クール＆スタイリッシュ

――今日、「半勃起」と並んで何度も出てくるのが「かっこいい」という、ちょっと謎の言葉なんですが、別の言葉で言うと、何になりますか。

浅田　分かりやすく言い換える一つの言葉としては「クール」ですよね。熱い愛や熱い情熱じゃない。それはあるんだけど、それをあえて切断しちゃうのがクールということなんじゃないですか。ゴダールはマイルス・デイヴィスとはやらなかったけれども、明らかに同時代の人なわけだし。

――菊地さんは？

菊地　スタイリッシュってことだと思うんですよ。どんなものでもスタイリッシュといえばスタイリッシュになるので、トラック野郎だってスタイリッシュといえばスタイリッシュですけど（笑）。画面の大きさは決定してるので、この中にいる女優さんにどんな色彩の服を着させて、ということのセンスが、安易な言い方ですけど、天才だった。音楽も物凄く愛してるのがよく分かるんですよ。けれども生身の人間が自分のために作ったものを、手作りマフラーみたいな感じで作ってこられると、生々しさとか色んなことから忌避しちゃって、レコードの方がずっと安全に好きなようにいじくり回せるとなった。今の芸術のあり方と言うか、サンプリングしてコラージュするのが人間原理の一部に差し替わったかのような状況にある中で、ある意味ジャパンクールとかの先駆のところもあると思うんですね。

——どういうことですか？

菊地　クールでスタイリッシュで、かつ今の言葉で言うと萌えさせる力が強い。萌えさせるんだけど、浅田さんがおっしゃったように、だらしなくベチャベチャに萌えてしまっては全くクールじゃない。好きなだけベチャベチャに萌えてくださいっていうのが今の資本主義じゃないですか。ゴダールの反資本主義は、本人がマオイズムに傾倒したとか、実際の活動家を出したとかいうことよりも、もっと違う形で表れている。さっきも言いましたが、遺作となった『イメージの本』は全部引用ですから、エンディングで引用元が一覧で出てくるんですね。それは何に似ているかというと、ハリウッドでは映画の中で既成曲を使うと、何年の何てアルバムで作曲者が誰で出版がっていうのが、全部出てくるんですが、あの文字列ですよね。片や権利のクリアランスを証明するために出てるんですけど、片やゴダールは一曲もクリアランスしてない。だからそういう意味では、結果として遺作になった『イメージの本』のエンドロールはそこが反ハリウッドというか批判になっていると同時にマーヴェルの映画と区別がつかないというか。

それまでのゴダールの映画はかっこよく、それこそスタイリッシュに、オープニングで字幕がＡＢＣＤ……って順番に上がってきて、最後に構文化されるとかね。ああいうポップなセンスが高かったですね。ポップこそが資本主義なので、資本主義の中でうまくやっていける才能が死ぬほどあった人だと思うんです。それがアンビヴァレンスによって自分で自分の能力をふさいでいく。半勃起と通じますけども、全勃起しないっていう。全勃起の時もクールでしたし、半勃起になってからもクールですし、さっき言ってインポテンツ時代もそれはそれで面白いんですよね。アジビラ映画も。

――変化していくことにクールさを保つ何かがあったりもするんですかね。

浅田　というか、切断ということでしょうね。マイルスだって、例えばビル・エヴァンスとかハービー・ハンコックとかそれぞれに物凄いピアニストを使うけれど、もう明日からさよならって平気で変えるじゃないですか。あのちょっと残酷なまでの冷たさがないとクールにならない。熱く同志で盛り上がってどうこうとかね。山下洋輔トリオとか（笑）あれはあれでいいものなんだけど、クールではない。

菊地　ホットですよね（笑）。それこそマイルスにはテオ・マセロという天才プロデューサーがいました。ゴダールにおける、ミュジーやアイヒャーよりも構造的な分業体制に近く、元々は映画のフィルムカッティングの仕事をしていたので、ゴダールからの影響もゼロではないと思いますけど、ジャズ・ミュージックというスポンテニアスな交歓とその場でのオルガスムスを記録するスポーツみたいな音楽に、初めてハサミを入れて編集することで、ジャズの本来持っていた属性としての熱を下げてクールにする。吹き方がクールだとかじゃなくて、根本的な構造として、ジャズをクールの音楽として完成させた人で、非常に映画的だと思いますけど、テオ・マセロをマイルスと同一視したとしても、意外とこの天才二人が交わってない。おそらく、ゴダール的には、ルイ・マルがすでに一番上手く使っちゃってるし（笑）。

浅田　ルイ・マルの『死刑台のエレベーター』でマイルスがラッシュを見ながら一発撮りしたという、あれは嘘だよね（笑）。

菊地　あれはもうカマしっていうか。現在では物証が山ほど出ています（笑）。カマしも似てるんですよね、ゴダールとマイルスは（笑）。いかにもすげえだろみたいな伝説。これは高尚ですよみたいなのが、意外と細部が間違ってたりとか、そういう可愛いさもあるんですけど。

浅田　一発録りの熱い生物《なまもの》をそのまま出すより、ちょっと距離を置いて編集している、そこがクールなんですね。人を引き付けながら寄せ付けない。それがマイルスのかっこよさで、すごくゴダールに似てるところがある。

ポップと資本主義

菊地　ゴダールのポップさやかっこよさが、ある意味、無軌道なまでに、淫らなまでに炸裂していたかと言えば、音楽家と女優がいた全勃起の8年間なんですが、クールかホットかで言えば、クールぶってるホットであって、ポップという感覚の完成度で言えば。

浅田　後の方がポップですよね。初期の方がまだ愛すると同時に憎んでしまうみたいなドロドロしたものがあるじゃないですか。後期はもう本当にもうクリアーですよ。

菊地　ポップというのは宣伝ということだから、ポップこそが資本主義を駆動してるみたいなところがある。ゴダールはもともとポップに振る舞えて、ポップな画面が作れて、ポップな服が着せられて、ポップに音楽が聞かせられる人だったんだけど、ポップの力を発揮してしまうと資本主義になってしまうので、これはやばいというところもあったと思うんですね。ゴダールにとって資本主義は、当然知的に、概念的、経験的にも知ってたし、しかしそれはアンチになる対象であって、いろいろ複雑だったと思うんですね。

自分のポップな画作りと、それを体現してくれる美人女優さんと、その映画のために書かれた生身の素晴らしい音楽という3つが頭の中で資本主義と同一化されてしまった。それで67年に一気に「もうやめた」と、ズバッと切断したと思います。特定個人との関係とか、ましてや「監督と音楽家」という図式に対する指摘がなかっただけであって、自明みたいな話ですよね。

浅田　ゴダールには絶対的な速さがあったとすると、ジャン＝マリ・ストローブとダニエル・ユイレには絶対的な遅さがあった。

菊地　スーパースローでしたよね（笑）。ジョン・ケージのオルガン曲が50年かけて演奏される、的な（笑）。

浅田　ストローブとユイレは「〝キャピタリスム〟」と言うけども、あれは〝カカピタリスム〟だ」と。「カカ」

はウンコで「ピピ」はシッコ。つまり「資本主義はウンコシッコ主義だ」と。フロイトの言う肛門期でウンコのようなカネを貯めることに執着している、と。で、ハリウッドではフィルム代さえ節約しようとして「スタート！」と言って始まり「カット！」と言って終わる。私たちはお金はないけれどもそんなことはしない。「どうぞ」と言って、俳優がやおら演技を始め、台詞を喋り終わって満足してここだと思って止まるところまで待ってキャメラを止める、絶対に急かしたりしない。それが社会主義だって言うんですよ（笑）。それはある種正しい。

菊地　正しいですね。フィルムのコスパと合法性こそ資本主義の象徴ですよ。

浅田　他方、ゴダールはそうではなくて、『フィルム・ソシアリスム』でも、「このヴィデオグラムは著作権で守られており、侵害すると刑事罰を招来する」というようなＦＢＩの警告文をそのまま本篇に入れてしまい、しかもあれをカンヌ映画祭に出すちょっと前に全篇を超早送りでネットに出しちゃうわけでしょう。

菊地　トレーラーとして本編を全部圧縮で流した。

浅田　自分の著作権も含め、著作権自体を売り買いする資本主義のルールをあからさまに無視し、その批判を今の若い人がやっている「倍速視聴」の極限みたいな形でやってしまう。ある種の「速い社会主義」なんでしょう。鮮やかだと思いましたね。

それにつながるものとして、さっきおっしゃった『イメージの本』のあと、一番最後の作品の一つと思われるイ・フラヴァっていうチェコのドキュメンタリー映画祭のスポット広告は、自分のスマートフォンをいじりながら『イメージの本』の映像と言葉をささっと引用して終わる。ものすごくかっこいいですよね。

菊地　かっこいいですよ、iPhoneの宣伝みたいで。ＣＭが作れる才能がありますよね。ゴダールは本当にＣＭとＭＶが作れる人だというのがみなぎってるんですよね。ゴダールがＣＭ作ったらどれだけ格好いいだろう。ゴダールがＭＶを撮ったらどんなに格好いいだろうと思うんだけど、まあ撮らないですよね。

浅田　追悼文に書いた言い方で言うと、結局、全部が一種の広告であり予告篇なんですよね。本篇はないと言ってもいい。

菊地　ほんとにそうですね。

浅田　愛の悲劇とか喜劇とか、起承転結で展開される本篇はない。最高の映画であり得たはずのものの広告あるいは予告篇だけがある。それはかっこいいに決まってますよ。

菊地　ゴダールの映画ってみんなそういうとこありますよね。僕らの世代だと長い間ジガ・ヴェルトフ集団の映画は止め絵でしか見られなかった。いわゆる「ゴダールの全映画」礫ですよ（笑）。ボックスが出てDVDで全部見るまでは『東風』と言われても止め絵でしか見たことないんだけど、それで十分かっこいいんです。じゃ実際『東風』を全編見たら面白いかと言われると、止め絵で見た時ほどのインパクトではなくなっている。そこもCM的というか。

浅田　実は初期のも含めそうだと思うけれど、特に70年代以後はもう全部が広告というか予告編だったという印象を僕は持つんですね。『ゴダールの映画史』は顕在的な映画の歴史ではない、むしろ、あり得た、あり得る、あり得るだろうすべての潜在的な映画の予告編が高速度で圧縮されたようなもので、本篇がなくても十分かっこいいんです。

菊地　広告が作れる才能があることはある意味怖いことですよね。武道家が人を殺せる能力を持って生きていく、でもやらないけど、っていうような感じで、いつでも広告もMVもテレビ番組も作れる力、しかも優れたものが作れる力を持ったまま、作らないでずっと作品を作り続けた。萌えと市場経済を動かしているところの興奮を焚き付ける力。そして興奮してるだけだとはしたないし淫らなので、ポップという形で上品にクールに切り取る力も、みんな持っていましたよね。資本主義に適合していた。

あとは引用ですよね。引用のリゾーミーな、引用が引用と関係してどんどん肥大してものができてしまう。ウェルメイドに物語を作る方法はあるわけじゃないですか。ハリウッドの文法があって。『気狂いピエロ』は最初に人物設定が説明されますが、ハリウッド映画だったらこいつはこいつの兄貴で、これが嫁で、これがメイドでとかすぐわかるところが、わざとわからないようになってるんですよ。これが誰で、どういう関係になってるんだろうと思ってる間に退屈だとか難解だとか言われちゃうんですけど。実は原作があって、最近になって原作小説が訳出されましたけども、単なるハードボイルドの、非常にわかりやすい話なんですよね。

だから現代的な言い方で言えば、コミュ障みたいなことも起こってますね。わかりやすいようにはやらない。逆に言うとわかりやすく作れちゃうからってことなのかもしれない。

浅田　むしろわかりにくいものがいっぱい入ることによるある種のリアリティーがある。

菊地　そうですね。

浅田　例えば『中国女』はいわばポップなマオイスムの映画で、毛沢東思想に――というか毛沢東語録という小さな赤い本にはまって過激化したフランスの若者たちの合宿の日々を描いている。ただ、それは、ブルジョワの子弟が、親がヴァカンスに行って留守のパリのアパルトマンで革命ごっこをしているだけだ、とも見える。しかも、フランシス・ジャンソンがアンヌ・ヴィアゼムスキーに「君たちはすぐテロルとか言うけれど逆効果にしかならないんじゃないか」と言ったり、ベレー帽をかぶった若者が「もうこの連中にはついていけない」と言って離脱し共産党に戻るとか、結構重層的に現実をとらえた映画なんですよ。

菊地　分厚いですよね。

浅田　ストーリーの都合のいい起承転結を壊すことによってわかりにくくなってるんだけど、逆に現実に対応するある種の分厚さみたいなものを持っている。

菊地　『中国女』も最初の頃はガチの左翼の人に社会主義小児病棟とか悪く言われたんだけど、浅田さんがおっしゃったようにちゃんとクールに、子供たちが、言ってしまえば『ホームアローン』みたいな（笑）。

浅田　そうそう、親がヴァカンスでいない間の話。

菊地　『ホームアローン』や『個人授業』みたいな物語で、ジガ・ヴェルトフ前夜祭映画を作る。『中国女』のオリジナル予告編って、実はいっぱいあるんですよね。どこを切ってもいいから。『フィルム・ソシアリスム』の高速再生による〈中身〉の無化――これはシュトックハウゼンが、実際にテープ音楽として作曲しています。どんな音源もトレペみたいに高速で巻きとればキュルキュルなんですけど、聞き取れるし、キュルキュルにも味わいがある――とか、『イメージの本』のエンドロール件も含め、「遺作の連作」には、どれも強いCM性――いうまでもなくそれはコマーシャルメッセージの略ですが――があり、その純化で終わった。生命にも恣意的編集を入れた。90年以上かけた、早い社会主義のCMかもしれないです。愛する主演女優とか音楽家とかと関わっていてはたどり着けない地点に、ただ一人たどり着いたんだと思います。

浅田　そう、数多くの映画自体も含め、膨大な広告あるいは予告篇だけが残された。それを観ながら、ぼくらは、ありえた、ありうる、ありうるだろう無数の映画を夢見続けることになるんでしょうね。

＊本対談は2022年12月24日に放送された「ザ・シネマメンバーズ presents TOKYO FM 特別番組 after the requiem 〜ゴダールについて私が知っている二、三の事柄」のために収録されたものです。対談全体の音声は以下のURLで聞くことができます
https://audee.jp/program/show/300004290

勝「手」に盗め——帰って来たカッパライ
『勝手にしやがれ』

後藤護

とにかくコリン・マッケイブ『ゴダール伝』の以下の驚愕事実を見ていただきたい。

「彼は泥棒だった。一九五二年についにチューリヒの刑務所に入るまでの五年間、ジャン＝リュックは繰り返し盗み、繰り返し捕まることになる。」（堀潤之訳）

ホンモノのカッパライだったのだ！ 前後を読むと映画資金などやり繰りするために裕福な家族から金を盗んでいたらしい。祖父の蔵書であるポール・ヴァレリー初版本も何冊か盗んで売っていたらしいが、それ以外に具体的なリストは明示されていない。『泥棒日記』のジャン・ジュネの「聖なる悪」を形而上学的に云々する以前に、まずはジュネ盗品目録が作成されなければならないと嘆いたのは「我れ盗むゆえに我れあり」と見事なキャッチフレーズを編み出した松岡正剛だった（『遊』の名特集「盗む」の表紙にデカデカ記載されている）。それゆえ「盗んだものに人はなる」テーゼからすれば、盗品リストを欠いたマッケイブの記述には隔靴掻痒の感がぬぐえない。

さて膨大な引用（盗用？）から成り立つゴダール映画――ハスミ偽伯爵も『映画史』を『映画泥棒日記』と呼んだ――が成立する以前に、そもそも彼が立派な盗人であり、犯罪者であったことの意味は何か？ 高畠華宵の三万円する限定画集を万引きし、スリに手を染め、秋葉原のレコード店でピンク・フロイドとサンタナを万引きするもGメンされて留置所にぶち込まれた漫画家・丸尾末広、中学生時代に本を超大量に万引きして屋根裏部屋に隠すもあまりの重量に床が抜けて罪が発覚した學魔・高山宏、映画『新宿泥棒日記』にて紀伊國屋でマルセル・ブリヨン『幻想芸術』など名著の数々を万引きするも店員に見つかった画家・横尾忠則、そして我らがゴダール――彼ら窃盗犯が揃いも揃ってコラージュの人、偏執狂的なまでの引用と蒐集のアートの人であることを、単なる偶然で済ますことはできない。彼らのアートには「万引的な衝動性」（大島渚）がある。そして窃盗癖《クレプトマニア》が蒐集癖《コレクトマニア》に至る。ことに丸尾、高山、ゴダールの三者は初期には怪しげなサングラスさえかけていた。「実体のない透明人間がかりそめにサングラスなり包帯なりで「無」の輪郭をなぞっているだけの、誰でもない人なのではあるまいか」（種村季弘）という疑念が生じる。しかし、盗んだものだけから構成されるオリジナルなき誰でもない人《ノーバディ》だからこそ万人《エヴリマン》になれるのだ。

『勝手にしやがれ』のベルモンドは自動車泥棒であり、女が着替えてる隙に金を盗む。金を盗む手つきと、セバーグの尻を撫でまわす手つきの二つの軌道を重ねあわせる時、「盗みのエロティシズム」（澁澤龍彦）が見えてこよう。『勝手にしやがれ』前年の1959年に公開されたロベール・ブレッソン『スリ』における、主人公が紳士のスーツの縁を指で「愛撫」するように這わせ、内ポケットという「穴」に指を差し込む手つき、あるいはご婦人のバッグの留め具

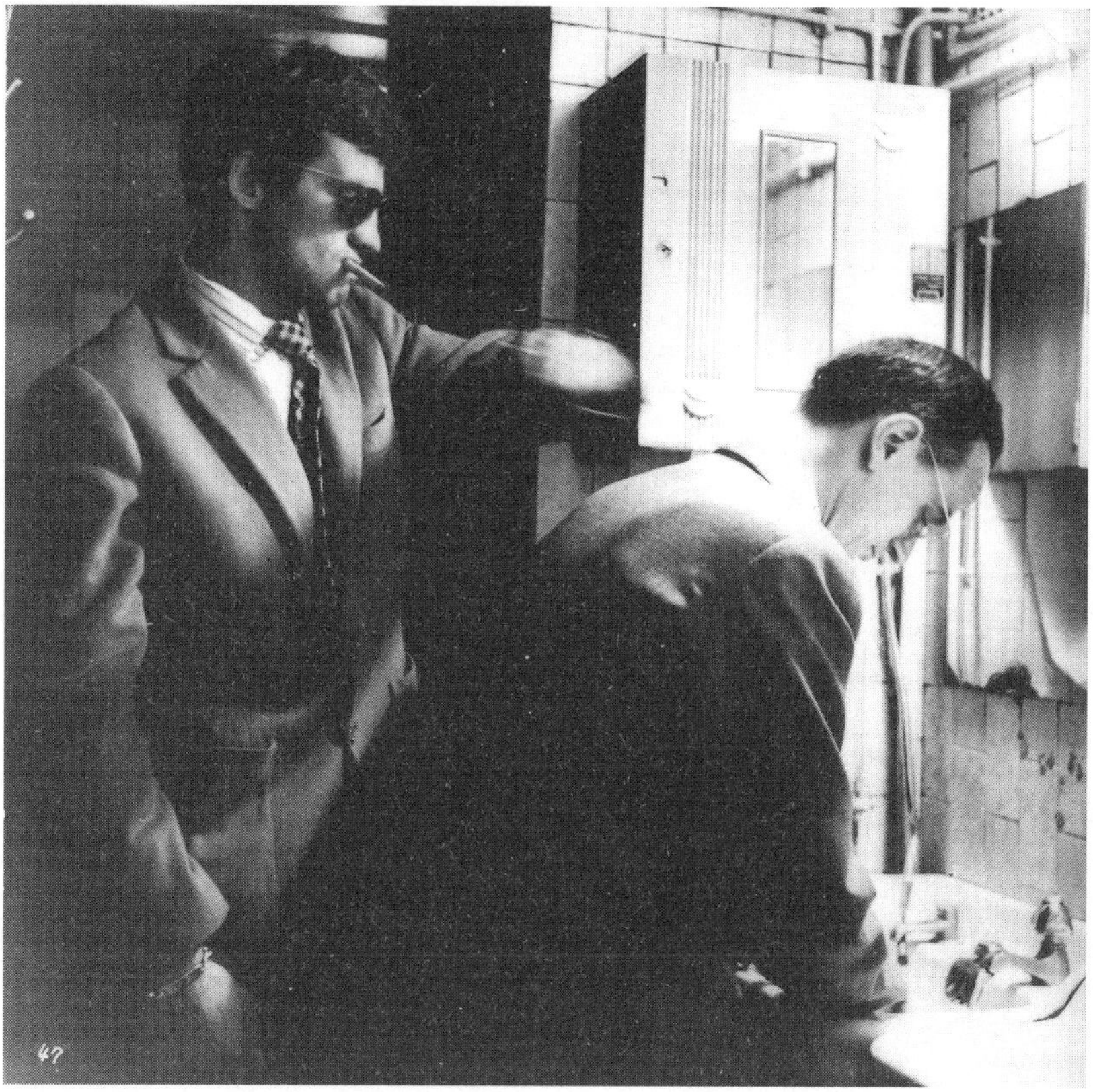

を何か「敏感な突起物」のようにタッチする手つきなど見ると、ブレッソンはジュネが男の尻ポケットから財布を抜き取るときのエロチックな手つき＝愛撫を熟知していたことが分かる。ゴダール映画のカッパライ作法に、何か知的でエロチックなものを感じるとしたら、その盗人にして恋人であるような手つきなのである。

そう、盗むにせよ、恋人の尻を撫でるにせよ、問題は「手」なのである。『イメージの本』冒頭でゴダールはこう語った。「五本の指がある。五感があり、世界の五大陸がある。妖精の五本の指、全てが一緒になって手を形作っている。そして人間の真の条件は手で考えることだ」。「手で考える」とは、手と頭を一致させる即ち「手の中の頭」を唱えたマルティン・ヴァルンケのマニエリスム観そのものではないか。手《マヌス》が手法《マナー》を生み、手法に次ぐ手法がマニエリスムになる（これらはすべて語源が同じである）。すでにルネサンスという黄金時代は過ぎ去り、あとは既存のありあわせのモノの順列組み合わせしかなく、そこから生じる歪みや捩れこそがマニエリスムだというG・R・ホッケの伝でいけば、ゴダール以上のマニエリストは映画界に存在しない。

ところで『勝手にしやがれ』に対して最高の批評を残したのは平岡正明である。「金持ち男が公衆便所に入ると自分もその横の便器で小便をしながら、チンコのしずくをきるような手軽さで相手の首筋を一撃して金を奪い……」（『マイルス・デヴィスの芸術』、一八頁）。そう、ベルモンドが便所でおっさんにお見舞いした、不意打ちの空「手」チョップの閃光こそがヌーヴェル・ヴァーグだった。また平岡はこうも語る。「ゴダールの衝撃力すなわち価値は、けっして彼の描きだす劇的関係の緻密さにあるのではなく、隣りに並んで小便たれている男から挨拶抜きの一撃を首筋にうけたたぐいの、関係の一挙の断種にあるのだ」（『海を見ている座頭市』、一五頁）。いきなりの断絶。しかしそれだけじゃ足りない。そこから盗んだものの異質な結合が生みだす〈不意打ち—驚倒—驚愕〉(*stupore*) こそがマニエリスムの精髄であり、ゴダールのアルファにしてオメガである。

FILMOGRAPHY

1960-1966 アンナ・カリーナ時代のゴダール

真魚八重子

本稿ではゴダールの、いわゆる「アンナ・カリーナ時代」と呼ばれる時期の作品群を取り上げる。『小さな兵隊』(60)で二人が恋に落ち、その後プライベートも仕事もともにしながら、その蜜月が終わるまでに制作された映画だ。

それまでのゴダールは、ジャック・リヴェットやエリック・ロメール、フランソワ・トリュフォーらと習作を撮ったり、アンドレ・バザンたちが創刊した『カイエ・デュ・シネマ』に執筆したりしていた。そして59年に監督した『勝手にしやがれ』は、ヌーヴェルヴァーグを代表する作品となった。

続く二作目となる『小さな兵隊』に、アンナ・カリーナはヒロインとして登場し、恋愛関係となってゴダールと結婚することになった。しかし『小さな兵隊』はアルジェリア戦争に関する批判的な描写などから、終戦後の63年まで公開は見送られることとなった。その間にも多作のゴダールは、三作目となる『女は女である』(61)、四作目の『女と男のいる舗道』(62)を制作している。

『勝手にしやがれ』の原案はトリュフォーで、クロード・シャブロルが監修を務めている。ゴダールの映画をもっとも象徴するのはカメラマンのラウル・クタールだろうが、『小さな兵隊』では走行中の車から、並走する車に乗った人物を撃とうとして邪魔が入ると、「気鋭の撮影監督クタールはこう叫んだ。〝厄介な法則〟」というナレーションが入る。『女は女である』では、カフェの客にジャンヌ・モローがいて、ジャン＝ポール・ベルモンドが『突然炎のごとく』の撮影の調子はどうかと尋ねるシーンがあり、『男性・女性』ではブリジット・バルドーがカフェの片隅で打ち合わせ中だ。

ヌーヴェルヴァーグにはこういった内輪受けのおふざけがあ

『男性・女性』

『女は女である』 発売元：シネマクガフィン 販売元：紀伊國屋書店 5,280円（税込）
 ソフトの商品情報は本書の発売当時のものである。

る。その現場の楽しさが伝わってくるから、若々しく、生き生きしているといえる。こういったお遊びを気負わずにやれる親密さ、世代、風潮だったからできたあるひと時の映画として貴重だ。

そういった滲み出るものの中には、愛情もある。『女は女である』はゴダールからアンナ・カリーナに対する、完全におのろけの映画だ。もしくは愛しているから、自分を可愛らしく撮ってくれるだろうという、信頼と自信に満ちた娘の姿だ。デンマークからやってきたまだ20歳の女の子は、素直に年上の男性の影響を受けていく。映画館へ連れていかれ、芸術通の友人たちに引き合わされ、難しい映画論も聞いて過ごしたのだろう。

『女は女である』の設定は非常に荒唐無稽である。アンナ・カリーナ演じるヒロインは突然、「今日子どもが欲しい!」と思い立ち、同棲するジャン＝クロード・ブリアリに頼むが断られてしまう。そのため駐車係のジャン＝ポール・ベルモンドと寝たりもするが、結局はブリアリと元のさやに納まる、という他愛もない話だ。

一体男性というのは、24時間以内に子どもができるなんて考えているのだろうか。当時ゴダールが30代前半くらいだから、ヨーロッパの男性は第二次世界大戦のどさくさにまぎれて、性教育を受け損ねてしまったのかもしれない。とりあえず一日で赤ちゃんが欲しいというのは、射精だけか、受精までも含めているのか、一体どう受け止めればよいのだろう。とにかくこの設定は、観るたびに超くだらなくてビックリしてしまう。

――いや、まあもちろんわかっている。可愛くてスタイルも良くて、頭はちょっとすっからかんな女の子が突飛なことを言い出し、それに振り回されたい、という夢想であることは。ただし、女性のわたしから観れば、このアンナ・カリーナの描写は前述の愚かな男性たちと変わらないし、そのように想定されることが、まるで女性は無垢な状態を手なずけるのが醍醐味のように思われているようで、たいそう気持ちが悪いということである。

山田宏一氏の『ゴダール、わがアンナ・カリーナ時代』のアンナ・カリーナのインタビューを読むと、かなり冷静に当時を振り返っているのがわかる。アンナ・カリーナとゴダールの結婚期間はたった4年間にすぎないが、その間も彼には愛人が複数いたこと。その名前も全員がアンナだったので不思議に思っていたと語っているが、愛人たちの名前まで把握できる状況は、浮気を隠す気もなかった関係性だったのがわかる。モラハラ気質の男性はパートナーを抑圧しようとするので、浮気していても指摘すれば逆ギレしたり、ひらきなおったりするものだ。

ついでに言うと、「なぜゴダールがモラハラ気質なんていえるのか?」と疑問を感じる人は、ゴダールの映画での、端々での女性の扱いを再チェックすればわかる。時代性というのももちろん強いが、演出上のDVの回数は、他のヌーヴェルヴァーグの監督の作品と比べるとダント

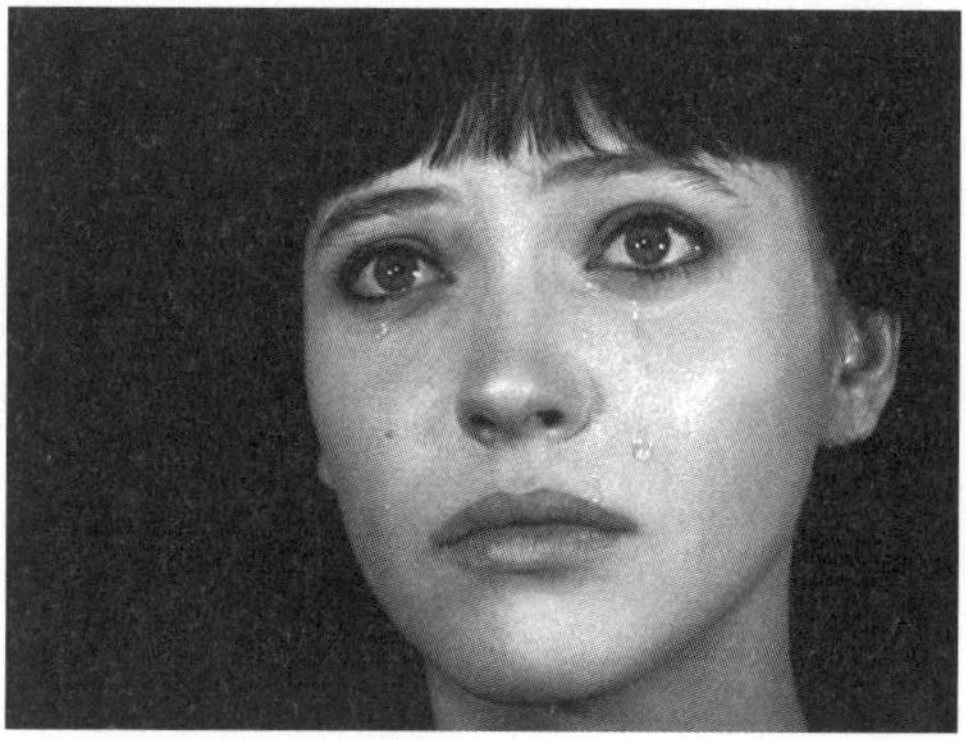

『女と男のいる舗道 4Kレストア版』
発売元：シネマクガフィン
販売元：紀伊國屋書店 5,280円（税込）

ソフトの商品情報は本書の発売当時のものである。

ツに多い。またセリフの横柄な命令口調や、女性を小突くといった上下関係を示す表現も多い。正直、いまの時代では通用しない演出だろう。

『女と男のいる舗道』の娼婦へと堕ちていくナナは、ルイーズ・ブルックスのような切りそろえた髪形をし、映画館でカール・テオドール・ドライヤーの『裁かるゝジャンヌ』を観て涙をこぼす純粋な女性である。このシーンは当然、実際に映画を観て泣いているわけではなく、カメラの前で泣いているのだが、アンナの表情は劇的で胸を打つ。『裁かるゝジャンヌ』が選ばれたのは、アンナ・カリーナがデンマーク出身ということもあるだろう。ナナは女優になるために離婚したが、パッとせずレコード屋でバイトをし、そのうち生活のために娼婦となっていく。ヒモもついて、淡々と体を売る日々となるが、娼婦にも映画館へ通ったり、若い男に惹かれたりする情動がある。しかしそれはお金の動きの前ではちっぽけなものに過ぎない。

日常のさりげなさと、ラストの唐突さでは、「アンナ・カリーナ時代」のアンナが主演した作品の中では一番冴

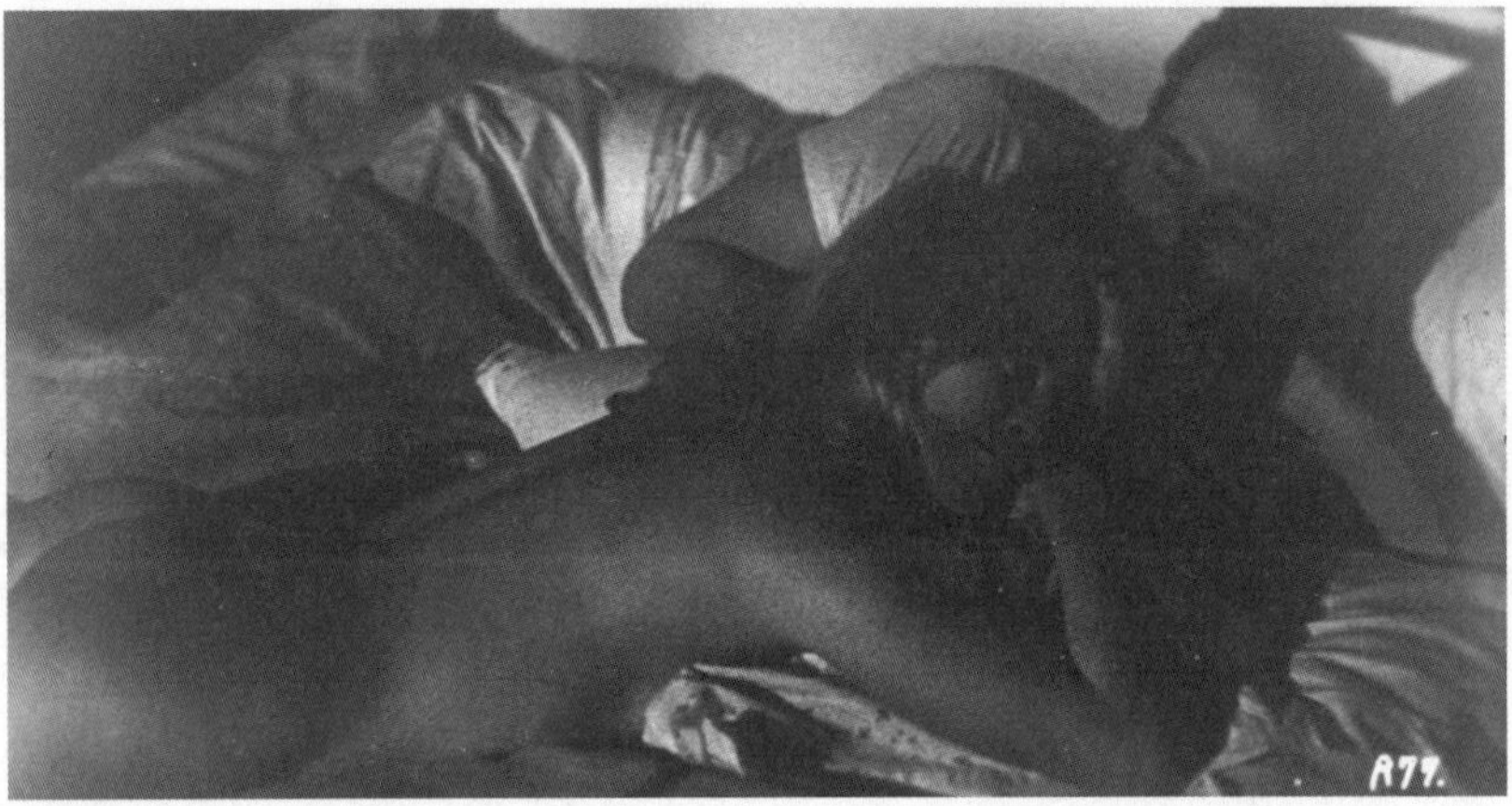

『軽蔑』

えていると思う。

続く『軽蔑』には、アンナ・カリーナは他の映画とのスケジュールの兼ね合いで、出演していない。その代わり主演となったブリジット・バルドーによってまた、違った意味合いをはらんだ映画になっている。バルドーは女優のカミーユ・ジャヴァル役。その夫で脚本家のポール・ジャヴァルをミシェル・ピコリが演じる。ブリジット・バルドーはあのグラマラスな肢体で、ホテルの室内ではほとんど半裸で過ごしている。男たちの中に、あんな男が旦那だなんて惜しいという妬みや、俺ならものにできるという優越感が生まれていく。プロデューサー役で、アメリカから呼ばれたジャック・パランスの雄々しさもあって、そんな男同士の戦いが露骨に透けて見える。

結婚2年目のゴダールとアンナ・カリーナの関係も暗礁に乗り上げていた。それを反映するように、この映画はひたすら優柔不断であること＝冷めた愛を表していく。パーティーや車や船での移動、旅行のたびに夫婦は同行するかで揉める。「夫のあなたが決めて」「君が行きたいなら行くよ」「わたしは行かない」「行けばいいじゃないか」「そう言うなら行くわ」という、相手に責任転嫁するようなやり取りが毎回起こる。バルドーはどこか意地になっていて、絶対に行かないとも言わず、表情は非常に硬く乗り気ではないのに、夫の言葉に従って行くことにする。

本作を観ると成瀬巳喜男の『驟雨』(56)で、佐野周二と原節子の夫婦が、隣に引っ越してきた小林桂樹と年若い妻の根岸明美夫婦と、映画に出かけようとするシーンを思い出す。原節子は夫が根岸明美のはつらつとした若い肢体に惹かれているのに気付いている。映画は、小林桂樹が出かけられないとわかると、原節子も具合が悪いと言い出し、あえて佐野と根岸を二人で出かけさせようとする。倦怠期の夫婦の中でも、鬱屈をはらんだ関係性の中では、浮気の危険性のあるところであえて危うさを選んだりするものなのだ。『軽蔑』には巨匠フリッツ・ラングが、『オデュッセイア』を撮ろうとしている映画監督役で出演している。もう老成して、いかにもおだやかであり、わがままな女優や気難しい監督がいる現場でも、場を和らげていたのが伝わってくるようだ。

続くゴダールの監督作『はなればなれに』(64)は、英会話学校で知り合ったオディール(アンナ・カリーナ)、フランツ(サミー・フレー)、アルチュール(クロード・ブラッスール)が三角関係となりながら、オディールのおばが隠している財産を盗む計画をたてる。

アルチュールは粗暴な男なのだが、オディールはむしろ彼に心惹かれている。これもゴダールらしい。ゴダールの映画ではマチズモによる支配が目立ち、オディールは抵抗したくても、彼に抗うことはできない被虐的なヒロインに見える。

『はなればなれに』には他にも逸話が多い映画だ。原題「Bande à part」をもじってクエンティン・タランティーノの映画プロダクションの名前「Band Apart」がつけられていること。ミシェル・ルグランの曲に合わせて三人が踊るマジソンダンスが後世に与えた影響。ルーヴル美術館をぶっつけ本番で駆け抜けて撮影したこと。この映画のラストもアルチュールの物語であった印象を受ける。続けるつもりもないオディールとフランツの冒険譚の予告も可愛らしいが。

この後は、アンナ・カリーナの登場しない『恋人のいる時間』(64) が制作されている。非常に時間のない中で撮影された作品だった。ヒロインの不倫をしている人妻役にはマーシャ・メリル。アルド・ラド監督の『暴行列車』(75) や、ダリオ・アルジェント監督の『サスペリア PART 2』(75) の霊能力のある女性役、アニエス・ヴァルダの『冬の旅』(85) で、サンドリーヌ・ボネールを車に乗せる中年女性の役を演じていた。目じりのキリッとした女性で、目が大きく可憐なアンナ・カリーナとは、対照的なきつめの顔の女性だ。そのため、夫とうまくやりながら、不倫相手とも悪びれずに仲良く過ごすどこか冷ややかな感じがとても似合っている。アンナ・カリーナだったら少しは滲みそうな悔悛といったものが、マーシャ・メリルの顔には微塵も現れない。この不倫を謳歌する映画に、彼女は非常に合ったキャスティングであると思う。

『アルファヴィル』(65) こと正式タイトル『アルファヴィル、レミー・コーションの不思議な冒険』は、人工知能に人間が支配された都市を巡る物語である。エージェントのレミー・コーション (エディ・コンスタンティーヌ) は、アルファヴィルを建設したフォン・ブラウン教授を探す。レミーは彼に与えられた、接待係らしいナターシャ (アンナ・カリーナ) に心惹かれるが、彼女の父親こそが人工知能アルファ60の開発者、フォン・ブラウン教授だった。ここで

『アルファヴィル』

『気狂いピエロ』

も時代だからしょうがないが、接待係はすべて若い女性である。接待にどこまで含まれるかは、マチズモな発想の人なら当然ベッドまでとなるだろう。この作品はアンナ・カリーナとエディ・コンスタンティーヌの恋愛の物語であり、言葉の的確さ、言葉のつなげ方、言葉に込めた感情で人間は他者に何かを伝達することができる、という言語の問題を扱っている。モノクロームで、夜を中心に撮影されたSFだが、レトロフューチャーな趣は今観ても美しい。

続く『気狂いピエロ』(65)は、ゴダールとアンナ・カリーナの関係が破たん後の作品である。二人は離婚し、アンナにもすでに新しい恋人がいる状況だった。印象として、本作の主役はあくまでジャン=ポール・ベルモンドであり、アンナ・カリーナは謎めいた女として一歩主役から は引いた印象を受ける。ゴダールは自分の愛情の動きがそういった面で露骨に出やすい作家であり、それでもアンナ・カリーナは現場では溌剌と明るく振舞っていたという。どんな背景があろうとさておき、本作もヌーヴェル・ヴァーグの象徴的作品といえるだろう。ベルモンドが顔に塗った青いペンキ、ダイナマイト、アルチュール・ランボーの「永遠」があまりに有名なラスト。破滅願望と、点火後も慌てても み消そうとするみっともなさが、とてもカッコイイ。かっこよすぎることよりも、この人間味がいいのだ。

『男性・女性』(66)はまだ若者たちがレコードに夢中で、歌手を夢見たり恋愛をしたりといった日常の些末によって、最後の「アンナ・カリーナ時代」と言えよう。ただし会話の端々には、政治にも意識を向けねばならないといった気持ちが滲みつつある。この頃からゴダールとアンヌ・ヴィアゼムスキーとの恋愛が始まり、ゴダールは政治的思想性を高めていく。

ヌーヴェル・ヴァーグとゴダール

渡邉大輔

ヌーヴェル・ヴァーグの誕生

フランス語で「新しい波」を意味する「ヌーヴェル・ヴァーグ（Nouvelle Vague）」とは、１９５０年代末から60年代にかけてフランスで隆盛を見せ、その後の各国の現代映画にも多大な影響を与えた映画革新の動きである。もともとこの名称は、１９５７年10月に戦後の解放的な若者文化に関する週刊誌記事の標題として用いられたのが初出だった。そこに、ルイ・マルの『死刑台のエレベーター』（58）、クロード・シャブロルの『美しきセルジュ』（59）と『いとこ同志』（59）、フランソワ・トリュフォーの『大人は判ってくれない』（59）、そしてジャン＝リュック・ゴダールの『勝手にしやがれ』（60）など、同時期に相次いで商業長編デビューした党派的な若手新人監督たちの作品群が、その斬新な作風によりフランス国内外で大きな反響を呼んだことから急進的、対抗的な新しい映画の総称として定着した。

そのヌーヴェル・ヴァーグの最大の中心人物と目されるのが、ゴダールとトリュフォーである。かたや裕福なエリート名門一族の出身、かたや里子に出され少年鑑別所で過ごすというまったく対照的な経歴を持つこの二人だが、59年5月、当時27歳のトリュフォーの『大人は判ってくれない』が第12回カンヌ国際映画

COLUMN

祭で監督賞を受賞、翌60年に、そのトリュフォーが原案を提供した当時29歳のゴダールの『勝手にしやがれ』が第10回ベルリン国際映画祭で同じく監督賞をそれぞれ受賞し、フランス国内でも大ヒットしたことが、ヌーヴェル・ヴァーグの世界的注目の高まりの本格的なきっかけになったといえる。

右岸派と左岸派

さらにいえば、狭義のヌーヴェル・ヴァーグとは、一般的に、ゴダールとトリュフォー、シャブロル、そして、彼らより年長のエリック・ロメール、ジャック・リヴェットらの監督とその初期作品群を指す。「カイエ派」や「セーヌ右岸派」とも称される彼らに共通するのは、51年に創刊された映画批評誌「カイエ・デュ・シネマ」を拠点として出発したことである（ロメールとリヴェットは50年代から60年代半ばにかけて同誌の編集長も務めている）。広義の括りでは、彼らに対して「セーヌ左岸派」とも呼ばれる、モンパルナス周辺を拠点としていたアラン・レネ、ジャック・ドゥミ、アニエス・ヴァルダ、そして後に「シネマ・ヴェリテ」というドキュメンタリーの旗手となるジャン・ルーシュ、クリス・マルケルらが含まれ、さらにそれ以外にも、先のマルをはじめ、ジャック・ロジエ、ロジェ・ヴァディムといった監督たちがヌーヴェル・ヴァーグに含まれる場合が多い。ちなみに左岸派の監督たちは、ドキュメンタリーを積極的に手掛ける点に特徴がある。また、右岸派（カイエ派）以外の人物たちは、パリの国立映画高等学院（ＩＤＨＥＣ）で映画の専門教育を受けた者も多い。

一方で、『カイエ』に集まったゴダールら右岸派の人々は、もともと熱狂的な映画ファン（シネフィル）

であり、左岸派のような教育機関での映画教育も、あるいは従来の徒弟制度的な撮影所（スタジオ）での助監督経験も経ることなく、映画評論家として活動を始めたところに最大の特色がある。彼らはシネマテークや各地のシネクラブで古今東西の膨大な映画を浴びるように観る青春を過ごして、映画演出法を修得し、独特の映画史観と批評機軸を形成した。

ヌーヴェル・ヴァーグの作家政策

その最も象徴的なテクストが、54年1月、弱冠21歳のトリュフォーが「カイエ」に発表し、そのきわめて攻撃的な論調で物議を醸した論文「フランス映画のある種の傾向」である。ここでトリュフォーは、クロード・オータン＝ララやジャン・ドラノワら、彼が「心理的リアリズム」と呼ぶフランスの「良質な伝統」に連なる巨匠たちの映画を名指しで激烈に批判し、守旧派から「フランス映画の墓掘り人」と非難された。

他方、そのトリュフォーやリヴェットらが主導的に標榜した新たな批評機軸がいわゆる「作家政策（politique des auteurs）」である。作家政策とは、アレクサンドル・アストリュックの「カメラ＝万年筆論」などの影響の下、映画の創造的な主体を脚本家ではなく映画監督とみなし、「良質の伝統」に対抗するために特定の監督たちを「作家」として顕揚する姿勢である。彼らは自国のジャン・ルノワールやジャック・ベッケル、ロベール・ブレッソン、ジャック・タチら、また、ハリウッドのジョゼフ・H・リュイスやニコラス・レイ、そして何よりも当時は本国でも娯楽映画の職人監督としか見なされていなかったアルフレッド・ヒッチコックやハワード・ホークスといったハリウッドの巨匠たちを積極的に評価した（いわゆる「ヒッチコック＝ホークス主義」）。ロメールとシャブロルによる世界初のヒッチコックのモノグラフ『ヒッチコック』（57）、

COLUMN

トリュフォーによるヒッチコックへのロングインタビュー『映画術』(66)はその貴重な成果と言えるだろう。そして、そうした批評活動の延長で実作へと進出するという映画史的にもほとんど前例のない経緯を辿ったのがカイエ派だった。

ヌーヴェル・ヴァーグの中のゴダール

ともあれ、ゴダールがヌーヴェル・ヴァーグの代表的な旗手と見なされる理由は、右に述べた経緯に加えて、彼の60年代作品――とりわけ衝撃的な長編デビュー作『勝手にしやがれ』が、他の誰よりもヌーヴェル・ヴァーグ映画の特徴とされる要素を余すところなく含んでいたことによるだろう。

総じてその特徴とは、旧来的な撮影所(スタジオ)システムでの慣習やわかりやすいストーリーテリングに象徴されるハリウッドの古典的映画の規範的な映画文法の破壊にあるとされる。具体的には、映像表現や演出面では、即興を取り入れた演出、ゲリラ撮影(隠し撮り)も含む活きいきしたロケーション撮影、そして意図的に滑らかな繋がりを壊した斬新な編集(ジャンプ・カット)などが挙げられる。また、登場人物の造型においては、道徳的、性的に無節操で、時に不条理な衝動を爆発させる戦後世代的な主人公像がしばしば描かれた。

『勝手にしやがれ』ではそれらは、あまりにも有名な、ジャン=ポール・ベルモンド演じる主人公のミシェルが盗んだ自動車でマルセイユからパリに向かって郊外の田舎道を疾走する映画冒頭のシーンに鮮烈に表れている。ゴダールはここで、ミシェルの車中で節をつけて発する台詞に合わせて風景の映像をリズミカルに短く編集するジャンプ・カットを用いている。また、同じ場面でミシェルは（物語空間では誰もいないはずの場所に）カメラ目線で唐突に語りかけるが、これらの異化効果的な演出は、いうまでもなく経済的で透明性を指向する古典的映画の物語叙述の常識から大きく逸脱したもので、当時の映画界に衝撃を与えたことは想像に難くない。

しかもその一方で、とりわけ右岸派のヌーヴェル・ヴァーグ映画では、彼らが偏愛する過去の映画作品のさまざまな記憶や細部への引用・参照の意識もしばしば見られる。すなわち、従来の映画文法を破壊するラディカルな革新性と大文字の映画史的記憶への再帰的な参照という保守性が、ヌーヴェル・ヴァーグを構成する二面性であった。ハリウッドのB級映画会社モノグラム・ピクチャーズへの献辞が冒頭で掲げられる『勝手にしやがれ』でもまた、デイヴィッド・ウォーク・グリフィスの『散り行く花』（１９１９）の有名なオマージュの他、偏愛する「作家」ジャン＝ピエール・メルヴィルが作中にカメオ出演しているなど、そうした身振りもいたるところに見出すことができる。

その後、67年末に公開された『ウイークエンド』を最後に商業映画と訣別し、68年5月のカンヌ国際映画祭粉砕事件の後、それまでの盟友だったトリュフォーと離反し、69年にジャン＝ピエール・ゴランと結成した「ジガ・ヴェルトフ集団」による匿名的な政治映画の製作へと乗り出していくに及んで、ゴダールの「ヌーヴェル・ヴァーグの季節」は終わりを迎える。とはいえ、「ゴダールという名のヌーヴェル・ヴァーグ」がもたらした衝撃は、登場から60年以上が経過したいまもなお、映画にとどまらない世界の文化や社会のさまざまな場所に波及し続けている。

FILMOGRAPHY

1967-1968 映像と音、映画とは何かの探究の時代

上條葉月

ゴダールは64年にアンナ・カリーナと共同で映画製作会社「アヌーシュカ・フィルム」を設立する。第1回作品は『はなればなれに』(64)、65年に離婚したのちもカリーナを主演に映画を作り続けるが、アヌーシュカ・フィルムによる短編「未来展望」がカリーナの最後の出演作となった(「アヌーシュカ・フィルム」は72年の『万事快調』まで続いた)。

66年の『彼女について私が知っている二、三の事柄』はマリナ・ヴラディを主演に、プライベートだけでなく映画制作においてもカリーナと離れて作られた映画だ。以降、ゴダールはオムニバス『ベトナムから遠く離れて』(67)の一編「カメラ・アイ」、『中国女』(67)、『ウイークエンド』(67)、『たのしい知識』(68)を監督。67年には自らの商業映画との決別を宣言。1968年の五月革命とカンヌ国際映画祭粉砕事件の直後に『ワン・プラス・ワン』(68)を撮影すると、翌年以降はヌーヴェル・ヴァーグの「作家」から「ジガ・ヴェルトフ集団」による集団での政治的映画作りへと移行していく。

『彼女について私が知っている二、三の事柄』

67年の『彼女について私が知っている二、三の事柄』は、アンナ・カリーナ時代から政治映画の制作へと移っていく過渡期にあるが、それだけでなく、ゴダールの「映画における言葉や映像とは何か」という問いが前面に出ているという面でも大きな転換点と言えるだろう。冒頭、マリナ・ヴラディの登場シーンで右を向く彼女の映像に合わせてゴダールによるナレーションが入る、「今右を向いたが、それは重要ではない」。本作で時折挟まれるモノローグでは、こうした演出やフレーミングへの言及が自問自答のように投げかけられる。

特に中盤のモノローグでは、「言語それ自体では映像を明確に規定できない」ことを認め、「この16時40分の事をいかに示しうるのか」「なぜこの映像 この言葉か、他にもありうるのではないか」と自問していく。このフレーミング以外のさまざまな映像も映しえたはずだということ、あるいは選択した構図の中にも意識せずとも映っているものがあるということを語り、その無数の映像・音の選択によるモンタージュでただ一つの作品、一つの映画を成立させるということを徹底して追求する、ゴダールの試行錯誤がそのまま提示されていると言える。このシークエンスの場合には、主人公が女友達と夫のガソリンスタンドへ立ち寄る、という物語上の映像・言葉の選択の話をしているが、その後にゴダールが政治的映画へ傾倒していく中で、映像と音の選択は一層重要なテーマとなっていく。政治的な言説・思想を映画の中心にストレートに持ち込んでいく中で、ゴダールは「詩的であると同時に政治的なもの」を求め、言説に匹敵する「映画」がいかに成立しうるのかを、自身に、そして観客へ問いかけていくのだ。

続く『中国女』はマオイストの青年ジャン＝ピエール・ゴランや、実際に急進的な政治活動を行なっていた学生で本作をきっかけに結婚することになるアンヌ・ヴィアゼムスキーとの出会いから作られた作品だ（このあたりの事情は彼女自身による小説『彼女のひたむきな12カ月』『それからの彼女』に詳しい）。夏休みの間、アパートの一室に集まり、政治の勉強や活動をする若者たち5人の様子を描く中で、マルクス・レーニン主義、中国共産党、そしてヴェトナム戦争といった政治的問題が語られる。

冒頭近くで、彼らの集まるアパートの壁に描かれた形で文字が映し出される、「曖昧な思想を明確な映像に対決させよ」。確かに『中国女』は明確に政治的テーマを描きながらも、そこで表現される思想は矛盾をはらみ、曖昧だ。ラスト近くのフランシス・ジャンソンとの対話含め、多くの言説を読み上げ、対話しながら、さまざまなアプローチを提示していくが、彼らの合宿は結果的に分断、そして夏の終わりと共に解散するところで終わる。本作で提示されるのは、一つの思想への筋道というより、彼ら若者たちが未熟ながらに政治運動を模索する過程だ。だからこそ、この冒頭の壁の文字は、「曖昧な思想」の模索を「映像」において捉えようという、ゴダール自身の本作での試みのスローガンなのかもしれない。

さらには、演劇のエピソード（抗議集会を開いた中国人青年が包帯を解くと傷ひとつない、ということにジャーナリストが怒るが、彼らは演劇というものをわかっていない、という）ののち、ジャン=ピエール・レオーは「カメラの前だからこそ僕は誠実だ」と語る。そしてカメラ、録音機材、『中国女』のタイトルが書かれたカチンコが映り、ここに映画の撮影隊がいるということが提示され、この撮影隊によるインタヴューに彼ら若者が答えるという演出が要所要所でなされていく。

インタヴューという形で彼ら自身の人生や経験を物語る言葉と、勉強会や討論、朗読として引用されるさまざまな政治的言説は、本作の中で入り混じる。架空の登場人物の思考と、既存の言説や文章の引用の両方が彼らの政治的模索を構築するのだ。フィクショナルなセリフとノンフィクショナルな政治的言説は、カメラの前では等しく誠実に発せられている。ヴェロニクが言う通り言葉を「音や物質として話す」ならば、彼らの言葉は全て「ヴィアゼムスキーが演じるヴェロニク」の言葉=音なのであり、「レオーの演じるギヨーム」の言葉=音なのである。つまりは、映画における「音や物質」としての全ての言葉は、映画を構成する同じ一要素でしかない。

1967—1968

『ウイークエンド』

カメラに写された役者と役柄との二重の関係は、すでに『彼女について私が知っている二、三の事柄』の冒頭でも提示されている。「彼女はマリア・ヴラディ、女優」「彼女はジュリエット・ジャンソン、団地の主婦」と。ゴダールの二重構造は役者／役柄だけでなく、さらに現実／映画という面へと突き進む。『ウイークエンド』では登場人物たちがしばしば「これは映画だ」という二重構造を指摘するのだ。

週末に妻の実家を訪れようとした二人は、長い渋滞に巻き込まれるが、事故や騒動の起こる不穏な空気が漂う渋滞の長回しを抜けると、まるで不思議の国に紛れ込んだかのように予想もしない事態に次々と巻き込まれていく。不思議な雑木林の中では、レオーがサン＝ジュストとして登場したと思えば直後に時空を超えて現代の恋する若者にもなる。流石にチェシャ猫は出てこないけれど、その後登場するブランディーヌ・ジャンソン扮するエミリー・ブロンテは〝ルイス・キャロルの方へ〞向かって、『記号論理学』を読んでいるほどだ。

方向もまともに教えてくれないブロンテに主人公の夫は「なんて映画だ、病人ばかり」とつぶやき、妻は「あなたが悪い、出演するからよ」と言う。文章を朗読し続けるブロンテと親指太郎に「これは小説じゃない、映画よ」とキレる夫妻は彼女を燃やすが、罪悪感を漏らす妻に夫は「どうせ映画だから」といって省みない。だが彼らもまた、後にヒッチハイク中に「これは現実？ 映画？」と聞かれて「映画だ」と答え、乗せてもらえないという目に遭う。これは映画だから人を燃やしても問題ないけれど、これは最悪な1週間を路上で過ごす夫妻の映画だから彼らは車に乗せてもらえないのだ。何もない雑木林の真ん中で、登場人物たち自らが「これは映画だ」と主張することで、『ウイークエンド』という映画は進んでいく。

ちょうど真ん中あたりでようやくトラックを拾うと、〝アクション・ミュージカル〞と称したインサートがあり、渋滞シーンと並ぶ移動撮影の長尺長回しが入る。こちらは渋滞シーンと対照的に静かな田舎の農場で現代音楽への講釈が述べられ、ソナタが演奏される中で人々がめいめいに過ごすという静かなシーンだ。このシーンは『ウイークエンド』の中でも、特に異質に思える。

『ワン・プラス・ワン』でも、カメラ移動の多い長回しが多用されている。五月革命の2ヶ月前、イギリス・ロンドンでのザ・ローリング・ストーンズの「悪魔を憐れむ歌」のレコーディング

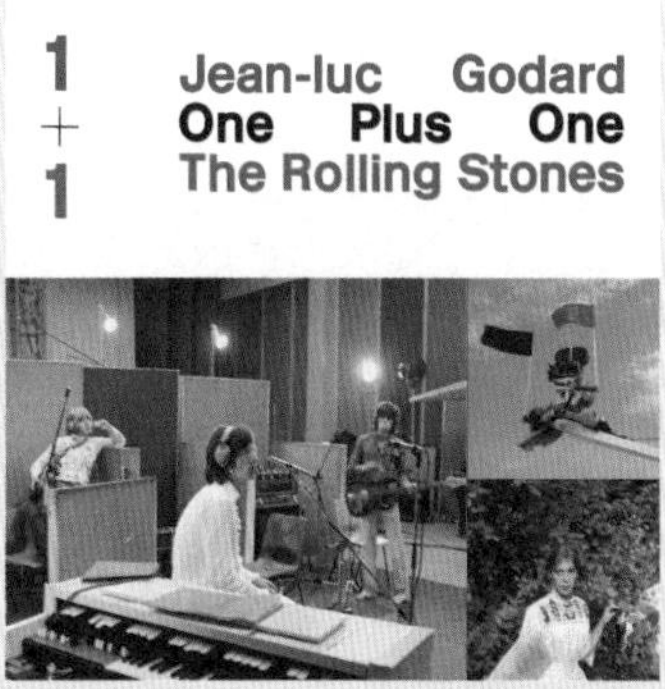

『ワン・プラス・ワン』
発売元：ロングライド
販売元：ハピネット・メディアマーケティング
5,280円（税込）

『ワン・プラス・ワン』

風景を捉えた作品だが、その様子の合間に政治的な文脈をはらんだ物語が長回しで映し出される。

しかしこれらの長回しは、演説や講釈を聞かせる持続した時間の強度を持つというより、むしろ浮遊するカメラで観客の視線を定めさせないようで、言説に集中させることを拒むようだ。『ウイークエンド』でわざわざ冒頭から弾き直したモーツァルトのピアノソナタが演奏者の言い訳によって途中で中断されるように、彼らに朗読される本や語られる言説はさまざまな音、登場人物の行為によって中断される。

例えば黒人のブラック・パワー活動家の「氷の上の魂」の朗読は、飛行機の音や白人女性を処刑する銃声にかき消される。本屋にて『わが闘争』を朗読する男は、定期的な挨拶（ナチの如く敬礼しながら「ベトナムに平和を！」）によって中断されるだけでなく、そもそもシーン自体が屋外のシーンのモノローグと交差する。革命の戦士を演じるヴィアゼムスキーへのテレビインタヴューにしても、ブレジネフをいじった官能小説の朗読が被せられる。

正直私にはこの頃の作品並びにジガ・ヴェルトフ集団の映画を観ても、語られる政治的言説は手のひらから逃げていくようで、ほとんど頭に入ってこない。あまりに矢継ぎ早に語られる全てと画面上の文字情報を字幕で追うことは不可能だし、そもそも私に政治や哲学の文脈を理解する受け皿が足りないというのもあるが、しかしそれを差し措いてもゴダール自身そうした発声される言説の意味内容が観客に真っ直ぐ理解されることを求めているわけではないだろう。当然ながらゴダールが作っているのは「言説」ではなく「映画」であり、だからこそ発される自分の「声の大きさや高さがちょうどいいか」までを迷い、他では代替できない「この映像この言葉」を求める。小説＝文章の朗読に対し「これは小説じゃない、映画だ」というアクションで返答するこの時期のゴダールは、言語化し得ない「曖昧な思想」に対決させうる「映像」を模索している。そうした意味で、これらの時期の映画はゴダールの政治活動への傾倒だけでなく、それに伴って模索される「映画は何を映し、語り得るのか」という問いが興味深い作品となっている。

政治的試みの中で唯一無二の映像を映し出すことは、特にオムニバスの短編「カメラ・アイ」や元々テレビ向けの企画だった『たのしい知識』において特殊な形で探求されている。『たのしい知識』は『中国女』にも出演したジャン＝ピエール・レオーとジュリエット・ベルトを主演に制作した実験的な作品だ。フランス放送協会の依頼で67年12月から翌年1月にかけて撮影されたが、発注元から拒絶され、69年にようやく劇場公開されることとなった。

本作のレオーとベルトはスタジオの暗闇で出会い、「映像と音を解体する」試みを通じて思想やテレビ・映画、革命の実践について連日語り合う。一年目は音響と映像について学び、二年目はその解体、さらに三年目に再構築した「映像と音」の実践へ。この作品はまさに、ゴダールがゴランらとの出会いから政治映画に傾倒していく中で「映像と音」にどう向き合うべきか模索した実験と言えるだろう。

「カメラ・アイ」は、クリス・マルケルらを中心としたヴェトナム戦争をめぐるオムニバス映画『ベトナムから遠く離れて』の一編だ。現地で撮影をすることが叶わなかったゴダールは、カメラを回す自身の姿を映し出す映像から始まる短編でヴェトナムを撮らずに「ヴェトナムの映画を作ること」を試みる。カメラを持ったゴダールがshoot（撮影／射撃）するという映像によって、戦争を語ること。現地で撮影できなかったのは北ヴェトナム当局からの許可が降りなかったためだが、結果的にゴダールはヴェトナムの風景をカメラ＝銃で侵略するのではなく、自らにカメラを向け、自身と映し得ないヴェトナムとの距離を内省する。『ベトナムから遠く離れて』のクリス・マルケルとは、アラン・レネらと匿名で五月革命に呼応した『シネトラクト』（68）＝アジビラ映画を制作することとなる。こちらも匿名・集団での政治映画の運動であり、ゴダールが「ジガ・ヴェルトフ集団」での制作活動を進めていくきっかけの一つと言えるだろう。

この時期のゴダールにとって、映画が捉えられるもの／捉えられないものの距離が、映画と政治を結びつける引力になっているのだろう。すなわち直接的な言説やアクションを見せるのではなく、その「映像と音」によって政治的なイデオロギーを提示する「映画」を作ること。この頃のゴダールの試みは、そうした模索が映画そのものに表れているからこそ面白い。ゴダールは常に自問自答すると共に、そうした問いを観客に投げかける。私の頭では、一生かけても解けないこの問いに何度でも向き合うしかない。

1969−1972「めざめよと、われらに呼ばわるオプティカルな声ら」――ジガ・ヴェルトフ集団時代

西田博至

めざめには、なすべきことを怠ったという感情がこびりついていた。
ヘルマン・ブロッホ『ウェルギリウスの死』

革命の予感に騒然とする1968年5月のパリで、ジャン＝リュック・ゴダールは、反体制派の学生や労働者と連帯する集会で発言したり、警官隊との衝突に八ミリを向けたりしていた。だがこのとき、カメラにはフィルムを入れていなかったという。

ゴダールが革命の映画を撮っていたのは、自宅のアパルトマンだった。ボーリューの16ミリの前に、さまざまなイメージを貼りだして、カメラマンのウィリアム・リュプシャンスキーや

アルマン・マルコらと、シネトラクト（アジビラ映画）を撮りまくっていたのだ。

クリス・マルケルの発案によるそれは、クレジットなしで、16ミリの百フィート（約三分）の黒白フィルムの「ロールひとつか二つをつかい、撮影時に直接《編集する》ようにしてつくられた」無声映画だ。政治集会での上映用に数百本が作られ、ゴダールが撮ったのは40本ほどだという。現在も残る十数本は、どれも静止画の組み合わせで構成されており、その中でゴダールが撮ったものは、癖のある手書きの文字で綴られた字幕や、既存の写真に、街角のグラフィティのように落書きを施したショットが挟みこまれることで、おそらくそれと判る。

しかもシネトラクトは、総額50フラン（約３５００円）で作ることができた。69年1月には「政治的映画をつくる、簡単で金のかからない手段」だったシネトラクトの撮影によって、ゴダールは、映画を「きわめて単純できわめて具体的な次元で考え直すことができるようにな」ったと答えている。つまり、音も色も編集も、作り手の署名もないワンロールの「撮って出し」映画を作ることで、映画のゼロ地点に戻っていたのだ。

もうひとつのゴダールの五月革命は、テレビ局からの注文を受けて映画を撮ることだった。のちに、ジガ・ヴェルトフ集団としてクレジットされることになる、69年から72年にかけてゴダールが関与したほとんどの映画の制作費は、ヨーロッパ各国のテレビ局から出ている。『東風』（70）だけは「イタリアの過激派の大富豪に提供され、どうも出所が怪しかった」というが、その悉くが、何かの症候でもあるかのように国営の「あるテレビ局が、偉大な映画作家に、現代政治のいくつかの側面をめぐるドキュメンタリーの製作を依頼して、その結果として仕上がった作品の放映を技術的理由によって拒否する、という顛末」を迎えた。

そもそも「映像と音と賃金からなるぼくの分野」と述べるゴダールには、映画とテレビに優劣はない。自宅にテレビを入れたのは、67年あたりにトリュフォーから勧められたからというが、69年1月には、「テレビの放送が始まったとき、映画の連中はだれもテレビと取り組もうとしなかった」せいで、それを担った官僚や技師などの「至るところで国家に奉仕」してしまう「たちの悪い郵便配達夫」たちが、放送インフラだけでなく、テレビを使って「自分の書いたたちの悪い手紙を配達する」ようになってしまったのだと、アラン・ジュフロワに語っている。

映画の始点に戻ったかのような無署名の無声映画を撮りながら、ゴダールという署名でテレビ局から映画の注文もとること。もちろんこれで「生計を立てることができ、中断することなく映画をつくりつづけることができた」のが大きいだろう。だが、それと同じぐらい、テレビはゴダールの映画の革命にとって、必要不可欠な実験室だったのではないか。

ジャン・コレは72年のゴダール論で、マクルーハンの分析に捻りを加え、テレビを「映像の加わったラジオである」と定義する。映像が先にある映画と、音が先にあるテレビ。まったく逆の成り立ちをしているそれらを交叉させて、または、似て非なるふたつのメディアの間で、これまでの映画とは「異なる別のものを追求」(西川長夫)することを推進する。これこそ、ジガ・ヴェルトフ集団の求めた革命ではなかったか。もちろん、ゴダールが映画を作るとは畢竟「同時に二つの場所に身をおくという行為」であると確信していたことも思い出そう。

ジガ・ヴェルトフ集団の映画には、しばしば単色の画面が挿入される。赤や白の場合もあるが、そのほとんどが画面のすみずみまでを占めるピュアな黒である。その色以外には何も映っていないので、サイレント映画の字幕のようなものではない。何らかのサウンドを伴う場合と、完全な無音の場合があり、長さは数秒の時もあれば何分も持続することもある。

『たのしい知識』(69)では、ジャン=ピエール・レオーとジュリエット・ベルトの演じる男女が、まるでエディソンの映画スタジオ「ブラック・マリア」のような真っ黒な空間に夜ごと訪れて、自明視されてきた映像と音の結びつきを解体するための実験を繰り返す。やがてそこはテレビ局のスタジオであることが判るのだが、ふたりの立つ背景は常に抽象的な黒である。まるで、別の映像と合成するための素材を撮影しているかのような背景しか、彼らは持たされていない。そしてふたりは、朝になるとこの黒バックの空間から慌てて出てゆく。彼らがそのつど告げる行先は、どこも五月革命の渦中だが、ふたりがそこにいる姿を、この映画は撮らない。朝も夜もなく革命に挺身するふたりはいつ眠るのか？

『たのしい知識』には、おそらく車の中からパリの雑踏をスナップ撮影した映像がしばしば挿入される。当たり前だが、その映像の中で仕事や買物をしている人びとは、スタジオのふたりに対して、それぞれの場所に固有の背景としっかり結びついて、安らっている。

　さて、私たちはなぜ「既存の資本ー賃労働関係やそれによって決定される生産過程への配置を自明のものとみなして自らそれに適合させるような労働力を再生産すること」を進んで行ってしまうのか？　浅田彰によると、そのプロセスは「石材の如きものではなく精密な複合的構造であり、上部構造をまきこんだ絶えざる再生産によってのみその構造を維持」しているのだから、この「構造の非再生産、即ち、ズレの創出による現状変更への可能性に向けてパースペクティヴを開く」ことこそが「階級闘争」であるとしたのがアルチュセール派だった。ジガ・ヴェルトフ集団は、おそらくジャン=ピエール・ゴランを通して、このアルチュセールの教えに馴染んでいた。彼らの映画は、ヨーロッパ各国の家庭のテレビに放映されるために作られたことを再び思い出そう。

　映画はその誕生から決して、光の中で見ることはできなかった。まず暗闇を充填した空間が用意されて、その中を光線が貫いて、白壁を矩形に明るくするのだ。かたやテレビは、暗闇の中で見てもよいが、壁となるブラウン管自体が発光するので、生活の明るさの中でも見ることができる。

ジガ・ヴェルトフ集団の映画が、もしもテレビで放送されていたら、何が起きただろうか。たとえば、或る持続した長さのピュアな黒画面も、『プラウダ』（70）における画面いっぱいを占める赤がプラハを走るトラムの車体であったように、映画館で見るならば、何か黒いものを映しているか、何らかの理由で映像をシェードしている画面と認識されるだろう。『イタリアにおける闘争』（70）では、黒画面は階級闘争についての知識や実践の欠如による、やがて正しい映像で充填されるべき余白として整理されるが、とどのつまり、テレビ放送における黒画面とは、放送停止事故の徴である。

何のサウンドも伴わないなら受信機の故障かもしれない。通常のそれとは異なる電子音が耳を劈き、政治的なアジテーションだけがスピーカーから響いてくるなら、何かがテレビの向こうで起っている。それはＣＭでもない。このとき、テレビのつるんとしたガラスのスクリーンの、黒画面の中に映っているものは、不安に翳るあなたの顔だったはずである。

マクルーハンは、映画や写真とは違って、「テレビでは、イメージがあなたに向かって投影される。あなたがスクリーンである。イメージがあなたを包み込む。あなたが消失点である」と書いた。間断なく繰り出されるイメージの再生産の「光の衝撃を受け」ているあなたの顔は、それが突然中断してしまったことを、「構造の非再生産、即ち、ズレの創出による現状変更への可能性」が、いきなり傷口のように開いてしまったことに慄いている。眼の前で光るガラスの窓のようなものが、あなたを囲繞する壁であることを伝えること。番組に黒画面を挿入して、テレビを鏡に変えてしまうことで、あなたにあなたの顔を凝視させること。ドイツのテレビ局から発注された『ウラジミールとローザ』（71）では、革命を粉砕した警官に扮したゴダールとゴランが、突然あなたに向かって映画を投影し始めて、黒画面になる。「あなたがスクリーンである」が、スクリーンであるあなたは、その映画を見ることができない。

『ありきたりの映画』（68）では、戸外のピクニックといった風情で、学生たちと工場の労働者たちがパリ郊外の野原に坐っている。『たのしい知識』を編集しながら68年の夏に撮られたシークェンスだが、マイクが捉えるのは、しばしば鋭く対立もする5月以降の闘争の展望をめぐるディスカッションである。今となっては誰でもその誤謬を指摘できる堂々巡りのサウンド。しかし画面を見つめていると、カメラが集中して写しているのは、ひとりの女子学生が手元の草をひっぱったりねじったりしながら、輪っかを作って、別の草を引っかけて遊んでいる手の動きであることが判る。後年のゴダールが編集台のフィルムを操作する手を美しく撮ったことが思い出されるが、この遊びが工場労働者の男の手にも伝播してゆくさまを、手と口のなめらかな同期が「ズレ」る瞬間を、カメラは捉えている。

ゴダール&ゴランによる唯一の商業映画である『万事快調』（72）の冒頭で、イヴ・モンタンとジェーン・フォンダに黒バックを背景にした個別のショットが与えられているのは、『たのしい知識』のジャン=ピエール・レオーとジュリエット・ベルトの反復である。68年5月の男女は、72年5月には倦怠期の夫婦になっているが、この間のジガ・ヴェルトフ集団の仕事とは、黒バックにしかはめ込めなかった『たのしい知識』のふたりに、適切な背景を与えるための模索だった。

事実、ほぼカメラが室内に留まる『ブリティッシュ・サウンズ』からずっと戸外の『東風』

『万事快調』

まで、ありとあらゆる場所で、人間と背景の組み合わせをジガ・ヴェルトフ集団の映画は試してきた。ようやく『万事快調』で、『たのしい知識』ではついに撮れなかったスタジオの外の世界と、「よりよく」結びついているふたりの男女の姿を描けたのだとも言える。ただし、それはやはり真っ黒なスタジオの中に建て込んだ、『ブリティッシュ・サウンズ』のMGの自動車工場ばりの巨大なオープンセットと、厳格な固定のカメラポジションによって、辛うじて成立している。

その結びつきの脆弱さを突かれて狼狽したのか、シネトラクトと同じように作られた『ジェーンへの手紙』では、ジェーン・フォンダがヴェトナム戦争下のハノイを訪問した際に撮られた一枚の写真を、ゴダールとゴランのナレーションが論難する。彼女に適切な背景を与えようと苦心した『万事快調』の直後にもかかわらず、まるでよくない背景と結びついて、平然と撮影されてしまっていることに、彼らの声は苛立っている。

『たのしい知識』には、ジャン＝ピエール・レオとジュリエット・ベルトがスタジオに坐って革命のサウンドを検証しているシークェンスがある。昼夜なく革命に献身している彼女は、疲れてうたた寝をはじめる。彼は、彼女を二度、揺り動かして起すが、また彼女は眠りに滑り落ちる。彼は起すのをやめて、そっと彼女の髪を撫でる。ジガ・ヴェルトフ集団期の全作品中、うたた寝のシークェンスはここだけである。

ジガ・ヴェルトフ集団は、絶えざる「構造の非再生産、即ち、ズレの創出」を要求する。黒画面を用いることも、「目を閉じよ」というメッセージも、より視聴覚をめざめさせるためだった。70年9月のヨルダンでPLOが掃討され、多くの被写体が殺されて頓挫した『勝利まで』より以前の『東風』では、死者さえ眠りを破って起き上がり、修正主義者を処刑していたのを思い出そう。しかし、私たちは眠る。目も耳も眠ってしまうのだ。

ジガ・ヴェルトフ集団の解散と、アンヌ＝マリ・ミエヴィルによるゴダールの「ソニマージュ」社の代表就任は、どちらも73年のことである。

【参考文献】
ヘルマン・ブロッホ『ウェルギリウスの死』（川村二郎訳、集英社）
コリン・マッケイブ『ゴダール伝』（堀潤之訳、みすず書房）
「人生を出発点とする芸術」（『ゴダール全評論・全発言Ｉ』所収（奥村昭夫訳、筑摩書房））
「ジャン＝リュック・ゴダールとの二時間」（『ゴダール全評論・全発言II』所収（奥村昭夫訳、筑摩書房））
「自分が今いるところでつくることが可能な映画をつくる」（『ゴダール全評論・全発言II』所収（奥村昭夫訳、筑摩書房））
「ゲリラと学者」（『ゴダールの全体像』所収（奥村昭夫訳編、三一書房））
ジャン・コレ「ジャン＝リュック・ゴダール」（『ゴダールの全体像』所収（奥村昭夫訳編、三一書房））
西川長夫『決定版パリ五月革命私論』（平凡社ライブラリー）
ジャン＝リュック・ゴダール『映画史Ｉ』（奥村昭夫訳、筑摩書房）
浅田彰「アルチュセール派イデオロギーの再検討」（『思想』一九八三年五月号）
マーシャル・マクルーハン、クエンティン・フィオーレ『メディアはマッサージである』（南博訳、河出書房新社）

『東風』

1973—1987
ミエヴィルとの共闘——〈ソニマージュ〉の設立と商業映画への帰還

児玉美月

「政治の季節」から、「映画大陸への帰還」へ——。

映画作家ゴダールのこの時代を語ろうとするとき、まず触れなければいけない人物がゴダールと最も長いパートナーシップを築いたアンヌ＝マリー・ミエヴィルであろう。ミエヴィルが特異な存在であるのは、いまとなっては真の意味で彼女がゴダールにとって最後の女性となったからというだけでなく、たとえば１９６０年代ゴダールの顔となったアンナ・カリーナをはじめとする、不均衡な権力構造のもと男性芸術家にインスピレーションを与えるための女性に用いられてきた「ミューズ」の概念からは逸脱しているように思えるからである。四方田犬彦がミエヴィルの貢献を、一章を割いて記述した『ゴダールと女たち』（２０１１、講談社）でいみじくも形容するように、ミエヴィルは「聡明な批判者」としてゴダールと共闘し

『ヒア＆ゼア　こことよそ』

た。1973年、ミエヴィルとゴダールのふたりはグルノーブルで製作工房「ソニマージュ」を設立。「ソニマージュ」とは、仏語の「SON（音）」＋「IMAGE（映像）」を合わせた造語である。ヴィデオで製作後、35ミリフィルムに転写された『パート2』（75）には、「ソニマージュ」の工房内が映し出されている。いかなる政治もその始発点が家庭にあるとする『パート2』は、70年代フェミニズムの思潮を汲んだ、おそらくゴダール映画のなかで最もわかりやすい形でのフェミニズム映画といっていいかもしれない。

ソニマージュ工房の最初

の作品となったのは、1970年の2〜7月にかけてパレスチナ周辺で撮影された映像を使用して構成された『ヒア&ゼア ここよそ』(74)だった。しかし撮影を終えてフランスに帰国した後の9月にヨルダン内戦(黒い九月事件)が起こり、映像のなかの映画に登場するひとびとのほとんどはすでに死んでしまっているという。この映画でゴダールとミエヴィルは「よそ」=パレスチナと「ここ」=フランスという言葉を用いながら、ジャーナリズム批判につながる考察を行う。「ここ」=フランスで見られる映像には演出されたものは映っているが、演出するものは映っていない。これはその後の『うまくいってる?』(76)とも同型の問題提起となっているだろう。80年代はヴィデオが高性能化し、家庭に普及していった時代でもあったが、ゴダールもまたヴィデオを撮影現場に取り入れたのだった。この時期に培

『勝手に逃げろ／人生』

われたヴィデオの実験性は、商業映画に復帰した『勝手に逃げろ／人生』（80）から続く80年代の劇映画の流れにおいても引き継がれてゆく。なお、ゴダールに商業映画への復帰を助言したのもまたミエヴィルであった。

政治作品や実験的なヴィデオ作品に腐心した時代を経て、「商業映画復帰期」の第一作目となった『勝手に逃げろ』は、1977年以降ゴダールが居住したスイスの地を舞台に自然の美しさがフィルムに刻み込まれている。ゴダールによる「われわれはよき愛の関係を結んでいれば、労働のうえでもよき関係を結んでいるものだ」（ジャン＝リュック・ゴダール著、奥村昭夫訳「ゴダール全評論・全発言II 1967－1985」1988年、筑摩書房、301頁）との発言にもあるように、『勝手に逃げろ』では労働と愛あるいは性愛といった問題系が主題のひとつとして扱われている。ゴダールが強い関心を寄せた売春の主題においては、『女と男のいる舗道』のアンナ・カリーナ演じるナナと、『勝手に逃げろ』のイザベル・ユペール演じるイザベルの娼婦表象の対照性が興味深い。補償金を得ることになるイザベルは自由な未来を手に入れ、悲劇性を背負わされたナナは銃に撃たれ不意に未来を奪われる。同じく娼婦である彼女たちをそれぞれに、主体性を持つ労働者と性的に搾取された犠牲者のような二極化されたイメージへと安易に押し込めるのは、複雑なゴダール映画にあってより憚れてしまう。娼婦の身体が先鋭的に伝えるように、資本主義は女の身体を経済市場の場に放り込み、意味を変容させる。60年代ゴダールの劇映画における女たちの身体と、80年代のそれとを比較すれば、そこには大きな変化があったように思われる。映像において断片化は女の身体をたやすく客体にする格好の手段だが、『恋人のいる時間』（64）ではそれがとりわけ前景化されていた。他方、70年代に撮られた『パート2』では裸に羽織りものだけを纏った女が、すぐそばに子供がいる状況で家事労働に従事し、それゆえにその女の身体からはエロティックなファンタスムは剥奪されるようになる。イザベルに代表される80年代ゴダール映画の女の身体は即物的で、性的な訴求力をいっさい喪失しているように見える。

たとえばロバート・アルトマンはじめ十人の映画作家たちによるオムニバス映画『アリア』にゴダールが寄せた短篇映画「アルミード」（87）もまた、一応はオペラの翻案と呼ぶべき作品である一方、とりわけその視点からも読める作品だろう。「アルミード」ではボディービルのジムを舞台に、素肌にガウンを羽織っただけのほぼ裸体の女ふたりがボディービルダーの男ふたりを誘惑し、ついには殺害しようとする。男たちは女の裸体が至近距離で視界に入っているはずにもかかわらず、まるで目もくれずに自らの肉体を鍛え上げるトレーニングに耽溺している。この短篇はむろんオペラの「アルミード」になぞらえて読解可能であろうが、他方この映像から抽出しうるのは、男たちの女たちの裸体への無関心、女たちの身体の脱性化ではないか。フィルムノワール作品の『ゴダールの探偵』（85）でも、部屋の窓際でシャドーボクシングにいそしむ男が全裸に近い女が隣にいても、手を退け無関心を決め込む。彼はのちに女の乳房をサンドバッグになぞらえてモノのように扱い、女の身体の物質性が強調されている。そして、ゴダール映画における女の身体性の探求は、この時代『ゴダールのマリア』（85）で爛熟を迎えることとなるだろう。

ゴダールによる監督・脚本作品である『こんにちは、マリア』と、ミエヴィルによる監督・脚本作品である『マリアの本』がゴダールたっての希望で併映され、それが『ゴダールのマリア』と名付けられた。不仲の両親の狭間に置かれた十一歳の少女マリーを追うミエヴィルの『マリアの本』は、ゴダールの『こんにちは、マリア』のプロローグ的な作品としても観られるが、

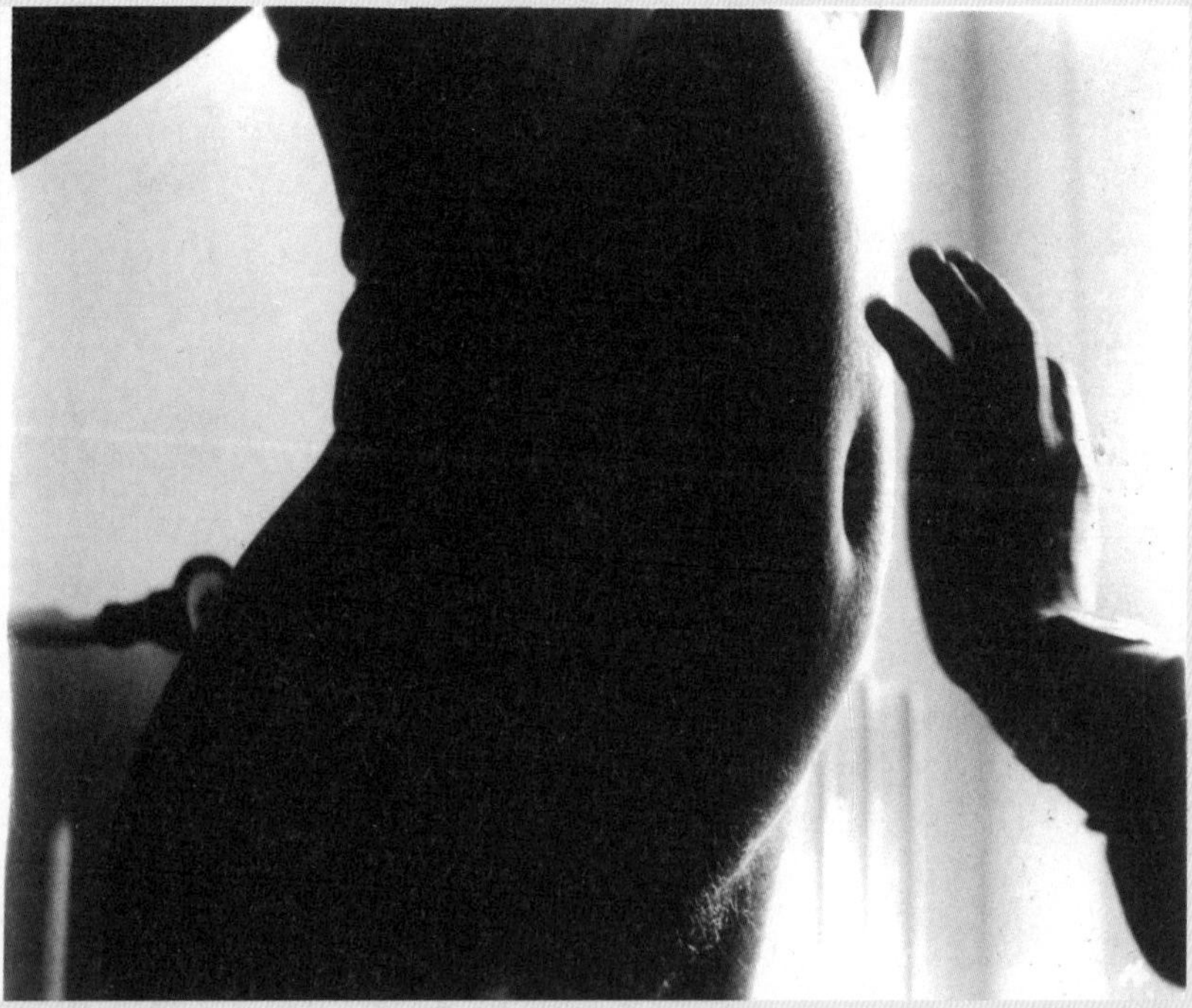

『ゴダールのマリア』

まったくの別物としても位置付けられる。マリーは劇中、19世紀のフランスの詩人シャルル・ボードレールによる詩集『悪の華』の初版におさめられた一篇「地獄に堕ちた女たち」を読む。このレズビアンを詠う詩にあって、陰茎の挿入を伴わない妊娠に逢着するマリーにレズビアニズムを看取るのは、いささか単純すぎる連想だろうか。ラストショットの真紅の唇のクロースアップはまごうことなき陰門の隠喩となって、わたしたちを飲み込む。それはマリア＝処女に象徴される通り、男たちが決して貫通しえなかった「穴」にほかならない。カメラはその不可能性を前にして立ち尽くすごとく静止する。女の裸から性的ファンタスムを引き剥がしたように、生殖器から子を産む＝再生産の機能を引き剥がす。こうしてゴダール映画は立て続けに、映画における女の身体の脱構築を目論む。

『ゴダールの探偵』ではナタリー・バイが物憂げに「男の体……」と囁いていたが、こうしてゴダール映画において女の身体にばかり着目せざるをえずに紙幅を費やしていること自体、映画史のなかで男性映画作家たちが「芸術」という大義名分でスクリーンに女の身体を召喚してきた権威性に巻き込まれているような隘路に陥ってしまうのでここでやめておこう。

フランソワ・トリュフォー『アメリカの夜』（73）の影響下にあるといわれる『パッション』（82）では、活人画映画の撮影現場と工場が主たる映画空間となっている。その交差により、映画制作と労働そのものが著しく結ばれるが、さらにそこに『勝手に逃げろ』においてもすでに取り沙汰されていた労働と愛の問題も絡んでくる――「あなたの言う労働はあまりに愛に似すぎてる」。映画制作は「真実の光が見つからない」ために難航するが、この〈光〉へのたゆまぬ希求はゴダールの映画を貫く身振りだろう。『カルメンという名の女』（83）のカーテンの間隙から差し込む神々しい光、『こんにちは、マリア』では象徴的なモティーフとして立ち現れる月の光、『ゴダールの探偵』の終盤、暗闇のなかで男の顔の陰影が美しくなる瞬間を探し求めるかのように彷徨う蝋燭の炎の光、そして『ゴダールのリア王』（87）では、暗闇に光を投影する装置を用いて新たなメディア＝映画を発明さえする……。ゴダールと〈光〉は決して切り離しては考えられない。

この80年代を締め括るのは、『パッション』では映画の制作過程を映画にしたゴダールが、今度は音楽の創作過程に乗り出した『右側に気をつけろ』（87）である。『カルメンという名の女』の精神病院に入院しているうだつのあがらない映画監督ゴダール、『ゴダールのリア王』のプラギー教授のゴダール、『右側に気をつけろ』のドストエフスキーの小説『白痴』とフィルム缶を抱えた「白痴」なるゴダールといった具合に、俳優としてのゴダールの存在感が増すのもまたこの時代だった。『カルメン』を契機にそうした傾向は徐々に強まり、自身を描いたのちの『JLG／自画像』（95）で頂点に達する。

『右側に気をつけろ』は、ザ・ローリング・ストーンズを扱ったドキュメンタリーフィルムで

『カルメンという名の女』

『右側に気をつけろ』

ある『ワン・プラス・ワン』(68)以来の音楽に満ち溢れた音楽映画の様相を呈する。『勝手に逃げろ』でゴダールの名に付されているのが「監督」ではなく「作曲」であるように、ゴダールは生涯に亘って「映画作家」だけでなく「音楽家」としても映画を奏で続けたのだった。〈音〉は決定的に80年代ゴダールを特徴づけるが、審美性もより成熟し、深化された映像そのものにも目を見張る。『勝手に逃げろ』の自転車が颯爽と駆け抜けてゆくスイスの田舎の美しい風景、『パッション』の開巻でジェット機が飛行機雲を引いてゆく青空、『こんにちは、マリア』の陽の光が注ぐ眩い水面など、それは枚挙にいとまがないが、80年代ゴダールの一連の映画は、「自然」の持つ美しさにも賭けられているように思われる。

　ゴダールの映画において人物が窓際に配された構図が多用されるが、『右側に気をつけろ』では「扉」を使った死を巡る哲学が導入されており、窓の扉が繰り返し開け閉めされるシークエンスがある。そのときの窓越しに陽が落ちてゆく橙に染まった空と、海の水平線が引かれた風景を背に流れるモノローグ──「人は死ぬために生まれ、意思によって死は選べる。だがいかなる文明においても人が死を選んだことはない。生が選べないだけで十分だ」は、いまとなってはもう、ゴダールの去り際を連想せずに聴くことは難しい。

　80年代のゴダールは、これらの長篇劇作品群のかたわらで、88年の「1A「すべての歴史」」からはじまり、大作『映画史』に取り掛かってゆく。それは「映画史」でありながらも、同時に彼自身が「映画《シネマ》」を体現していたという意味においては、ゴダール自身の歴史でもあっただろう。「映像というのはひとを安心させようとするものじゃありません。ひとに味方しようとするものでもひとと敵対しようとするものでもありません。出会いのひとつの契機なのです」(『ゴダール全評論・全発言Ⅱ』318頁)とゴダールは言う。ゴダールがこの世を去ってもなお、彼の映画は多くの観客との出会いに開かれている。

FILMOGRAPHY

1988-1998

1990年代――『映画史』へと至る10年

山本貴光

大きく見れば1980年代末から1990年代末までの10年は、ゴダールが畢生の大作と言うべき『映画史』の製作と完成へと向かう過程と位置づけられる。といっても映画の歴史という主題は突如として沸いてきたものではなかった。

ゴダールは1978年にモントリオール映画芸術コンセルヴァトワールで行った映画史についての講演で『映画史の知られざる側面』という映画とテレビの歴史についての構想を述べている。「私が映画について知っている事柄を手がかりにして映画史ととり組み、映画史についての四時間くらいの映画を、ビデオ・カセットの形でつくってみるわけです」(★1)。

その講演は、何本かの映画と自作を併せて上映した上でコメントするというスタイルが採られており、これ自体が独自の映画史の試みだった。ゴダールは、そのように複数の映画を組み合わせることを「歴史の編集」とも呼んでいる(★2)。また、そこでは映画における編集(モンタージュ)の可能性を探究する一方で、まだ映画史を編むのに適切な方法は見出せていないという趣旨の発言もしていた。

完成した『映画史』は全8章でおよそ四時間半に及ぶヴィデオ作品である。1988／89年に第一章（1A、1B）が公開されたのをはじめとして、1994年に第二章（2A、2B）、1995年に第三章（3A、3B）、1997年に第四章（4A、4B）を含む完成版が様々な機会に公開された。1998年にはヴィデオ版が販売され、日本での劇場公開は2000年に実現している。

以下では、こうした背景を踏まえて、90年代の主要な映画について簡単にご紹介しよう。なお、タイトルの後ろに「＊」を付した映画は、ゴダールがクレジットタイトルに署名を入れていない作品であることを示している。

『ヌーヴェルヴァーグ』（Nouvelle vague／新たな波）（90）＊

ある男と女の物語である。道を歩いていた男（アラン・ドロン）が倒れる。車を運転していた女（ドミツィアーナ・ジョルダーノ）が男に手を差し延べる。女はエレナという資産家で、その男、放浪者のロジェを自分の屋敷に住まわせる。ある日、二人はボートで沖に出る。遊泳を楽しむエレナがロジェを水中に招くと、彼はそのまま溺れて水中に沈んでしまう。時が過ぎ、ロジェと瓜二つのリシャールという男が現れる。無気力なロジェとは違い行動的なリシャールとエレナは共に過ごすようになる。果たして彼らは同じ男なのか違う男なのか。甦ったのだとしたら何が起きたのか。そうでないとしたら何が起きたのか。前半と後半でいわば同じ物語が

『ヌーヴェル・ヴァーグ』

繰り返されながらも男の性格の違いによって結末が大きく変わるという着想を、ゴダールは「旧約聖書」と「新約聖書」の対比から得たようだ（★3）。

本作にはサウンドトラックJean-Luc Godard, Nouvelle Vague（2CD, ECM New Series 1600/01, ECM, 1997）もあり、音楽、台詞、音響がすべてそのまま収められている。

タイトルに見える「ヌーヴェル・ヴァーグ（新しい波）」とは、1950年代後半のフランスに現れた、従来とは異なる手法で映画を撮った作家たちを形容した言葉であり、50年代末に一般化した。ゴダールもその一人だった。『映画史』3Bは「新たな波（Une vague nouvelle）」をテーマとする。

『新ドイツ零年』（Allemagne neuf zéro／ドイツ九〇＝新ゼロ年）（91）＊

第二次世界大戦後にドイツを東西に分割していた「ベルリンの壁」は1989年11月に崩れ、

再統一が果たされた。東ドイツで諜報活動に従事していたレミー・コーション（エディ・コンスタンティーヌ）は小さな町に潜んでいた。そこへ元陸軍情報部のゼルテン伯爵（ハンス・ツィシュラー）が訪れて西へ帰ろうと促す。旧東ドイツの土地々々を巡り歩くコーションが目にする光景が現在の知覚だとしたら、『映画史』同様、随所に挿入される映画、音楽、絵画、書物からの引用は、20世紀ドイツの歴史と文化の記憶である。知覚と記憶、現在と過去の二重写しによってドイツを捉えようという企てなのだ。

また、コーションは、ゴダールの『アルファヴィル』（65）にも登場したキャラクターであり、元はイギリスの作家ピーター・チェイニー（1896―1951）による一連のハードボイルド小説に登場する（またそれを原作としてフランスでヒットした一連の映画に登場する）タフガイのいわば引用だった。また、タイトルは、ロベルト・ロッセリーニ（1906―1977）が第二次世界大戦後の廃墟と化したベルリンに生きる少年を描いた『ドイツ零年』（Germania anno zero、1948）の仏語訳 Allemagne anée zéro を下敷きにしている。フランス語の「ヌフ（neuf）」は「九」であるとともに「新しい」という意味をもち、これを掛詞のように使ったタイトルだった。二重尽くしの映像とも言えるだろう。

「孤独」をテーマにした映画の制作を持ちかけられたゴダールは、個人ではなく民衆や国民の孤独を扱いたいと考え、(旧)東ドイツを選んだのだという(★4)。「孤独の歴史／歴史の孤独」というテーマは『映画史』1Bでも検討されている。なお、本作のテクストは1998年にP.O.L から刊行されている。

『JLG／自画像』
発売元：アイ・ヴィー・シー
価格：Blu-ray ¥5,280（税込）

『ゴダールの決別』（Hélas pour moi／ああ悲しいかな）（93）＊

ホテルの買収のため一晩家を空けるといって出かけていった夫のシモン（ジェラール・ドパルデュー）は予定を違えて帰宅する。妻のラシェル（ローランス・マスリア）は、シモンが別人になっていると感じる。ではこれは誰なのか。『ゴダールの決別』は、ある男と女の物語であるとともに、人間の快苦が綯い交ぜになった欲望のあり方を味わってみたいと欲する神の物語でもある。作中でも引用されているジャコモ・レオパルディ（１７９８―１８３７）の「人類の歴史」に想を得て、古代ギリシア神話をもとにしたジャン・ジロドゥの『アンフィトリオン38』をはじめとする文芸作品が参照されている。一人の男がある出来事を境として別人のようになるというモチーフは『ヌーヴェルヴァーグ』にも通じる。

『JLG／自画像』（JLG/JLG）（94）

ゴダールの映画には、ほかならぬ映画を製作する人というモチーフが繰り返し現れる。『ＪＬＧ／自画像』では、ゴダール自身が映画を構想し編集する男として登場する。撮る人が撮られる人でもあるわけだ。ゴダールは、ノートに向かって連想と思考を彷徨わせながら、歴史について、戦争について、性について、見ることについて言葉を紡ぎ出してゆく。映画や書物や絵画が、外の景色が、誰かの言葉が、彼の精神を動かす。その精神の動きを、彼が発する言葉（音像）と書き付ける言葉（映像）という形で捉える。試しに考えてみること、かたとき精神を遊ばせてみること、という意味でのエセー（試論）を映像化する試みである。後半では、映画庁の査察官や映画編集助手を志望する盲目の女性とのやりとりを通じて、外から見てとれるもの（JLGの書棚の構成）、外からは見えないもの（頭の中で見られた立体）、作られなかった映画について語られる。なお、本作のテクストは1996年にP. O. Lから刊行されている。

『フォーエヴァー・モーツアルト』（For Ever Mozart／モーツァルトよ永遠に）（96）

本作でゴダールは、創作と現実の単純ならざる関わりを、二つの物語を綴りあわせることで描き出している。一方には、ボスニア・ヘルツェゴヴィナ紛争の戦火にあるサラエヴォでミュッセ（1810―1857）の『戯れに恋はすまじ』を上演すべく彼の地を目指す哲学教師のカミーユ（マドレーヌ・アサス）たちの物語がある。他方には、そのカミーユの父で映画監督のヴィッキー・ヴィタリス（ヴィッキー・メシカ）が、『宿命のボレロ』という映画を撮影する物語がある。一方は戦争と暴力に、他方は資本と観客に翻弄され、それぞれに然るべき終わりを迎えることになる。そんな彼らをよそに、モーツァルト（1756―1791）の音楽は、音楽家の死も時代も状況も超えて今日も演奏されるのだった。本作のテクストは1996年にP. O. Lから刊行されている。

『フォーエヴァー・モーツアルト』
発売元：アイ・ヴィー・シー
価格：Blu-ray ￥5,280（税込）

『フォーエヴァー・モーツアルト』

また、ゴダールは1993年に「サラエヴォ、あなたを讃えます」(Je vous salue, Sarajevo)という2分15秒ほどのヴィデオ作品も製作している。

『ゴダールの映画史』(Histoire(s) du Cinema) 88―98 ＊

冒頭で述べたように、ゴダールは1970年代から映画の歴史についての映画を構想していた。「歴史とは関連づけであり、モンタージュなのです」(★5)という彼は、そのような形でなければ、結びつけられることがなかったかもしれない様々な要素を、映像の上でつなぎあわせ、二つの映像からいずれでもない第三の映像を生み出すという技法を用いて映画史を提示した。映像は精神における純粋な創造であり、遠く隔たった二つの現実が正しく結びつけられるとき、強い映像となるとは、『JLG／自画像』で語られたことであり、『映画史』もまたその実践だった。全四章は、以下のようにそれぞれがA／Bという対で構成されている。

第一章A「すべての歴史」／B「ただ一つの歴史」
第二章A「映画だけが」／B「命がけの美」
第三章A「絶対の貨幣」／B「新たな波」
第四章A「宇宙のコントロール」／B「徴は至る所に」

こうしたタイトルの下、映画、人物、作品、歴史、政治、国家、戦争、生と死、性、愛、メディア、産業、経済、技術、芸術、物語といったこれまでゴダールが関心を向けてきた諸要素が、多様な作品からの引用の織物として提示される。

形式的に見ると『映画史』は、書斎で電動タイプライターを前に言葉をつぶやきながら文字を打つゴダール、映画・音楽・絵画・書物の引用、ゴダールによるテクストと音声の重ね合わせといった要素から成る。1Aでゴダールが書棚から取り出し書名を口にするベルクソンの『物質と記憶』で示される図式そのままに、ゴダールの知覚と記憶との重なりが示されているとも言えるだろう。つまり『映画史』を構想し編集するゴダールの知覚（書斎にいて葉巻をくゆらせ、本を開き、言葉を思い浮かべ、文字を打ち、電動タイプライターの印字音を耳にする）と、彼が過去に観た映画の記憶（ただし『映画史』ではゴダールの記憶の中の映画ではなく映画そのものが引用される）とが交差する様子をモンタージュ（編集）して織りなされた知覚と記憶を編み合わせた映像である。

以上からお分かりかもしれないが、これは歴史といっても年表を辿るような、あるいは出来事の網羅を目指すようなものではない。夙に指摘されてきたように、引用される映画は欧米やソ連など特定地域のものに偏っており、ゴダールが親しんできた映画の記憶がもとになっている様子が窺える。彼の念頭に置かれた世界への関心をレンズとして、映画と人間の歴史を見直そうとする企てなのである。その歴史観にどのような意見を持つにせよ、公開から四半世紀近くを経た現在でも、これに触れた者の映画と世界を観る目を変えてしまう力は健在である。

この時期に製作した関連作品に、アンヌ＝マリー・ミエヴィルとともに監督した『フランス映画の2×50年』（Deux fois cinquante ans de cinéma français）がある。映画誕生一〇〇年を記念して企画されたTVシリーズのフランス篇として製作された映像だ。

最後に、『映画史』の派生作品についても触れておこう。1998年にガリマールとゴーモンによってJean-Luc Godard, Histoire(s) du cinéma(全四巻、ガリマール)が刊行されている。『映画史』の全テクストとスチルから構成されたもので、2006年には一巻本として再刊された。同書を見ると、そのタイポグラフィも含めて長大な叙事詩としての側面が浮かび上がる。

また、ECM-RecordsからCD五枚組のサウンドトラックJean-Luc Godard, Histoire(s) du Cinéma（ECM New Series 1706-10, ECM, 1999）が製作されている。『映画史』全体のサウンドトラックを収めたCDに加え、章ごとのトランスクリプション（フランス語、ドイツ語訳、英語訳を含む）とスチルをまとめた四冊の本から成る。第四巻にはジョナサン・ローゼンバウムによるゴダールへのインタヴューを含むテクストも収録されている。ガリマールの本が印刷された詩だとすれば、こちらは朗誦された詩である。

日本では、2000—2001年にVHS版（四巻組）、2001年にDVD版『映画史』（五枚組、総合監修＝浅田彰、シネフィル・イマジカ／紀伊國屋書店、2001）が発売されている。とりわけDVD版では、「映画史日本DVD制作集団2001」による厖大な注釈が併録されており、映画を再生しながら、カットごとに引用されている作品についての解説を参照できる。『映画史』のテクストの邦訳と注釈を中心に編まれた書物『ゴダール　映画史　テクスト』（郡淳一郎編、愛育社、2000）も刊行されている。

多数の批評・研究もあるが、日本語で読めるものとして四方田犬彦＋堀潤之編『ゴダール・映像・歴史　『映画史』を読む』（産業図書、2001）に編まれた一二本の論考が、いまでも『映画史』を観直すための手がかりを与えてくれるだろう。

なお、この時期に刊行されたゴダールによる書物として、折々のテクストや発言などを集成した Jean-Luc Godard par Jean-Luc Godard tome 2 1984-1998 (Edition établie par Alain Bergala, Chaiers du Cinéma, 1998) がある。ここで触れた作品に関連するテクストも多数含まれている。これは『ゴダール全評論・全発言III 1984−1998』（奥村昭夫訳、リュミエール叢書33、筑摩書房、２００４）として邦訳されている。ついでながら同書の tome 1 も『ゴダール全評論・全発言』の第I巻（１９５０−１９６７）、II巻（１９６７−１９８５）として奥村昭夫訳で同じく筑摩書房のリュミエール叢書から刊行されている。

★1　ジャン=リュック・ゴダール『ゴダール映画史（全）』（奥村昭夫訳、ちくま学芸文庫、筑摩書房、二〇一二）［1］、三五五ページ

★2　前掲書［2］、四九〇ページ

★3　「創世」奥村昭夫訳、『ゴダール全評論・全発言III』（筑摩書房、二〇〇四）［3］、二八四ページ

★4　「つくり話はするな……――ヴェネツィア映画祭'91での記者会見」奥村昭夫訳、『ゴダール全評論・全発言III』（筑摩書房、二〇〇四）、三五七ページ

★5　ジャン=リュック・ゴダール「映画と歴史について」堀潤之訳、四方田犬彦+堀潤之編『ゴダール・映像・歴史『映画史』を読む』（産業図書、二〇〇一）、六ページ

2001―2018 ゴダールの21世紀

細馬宏通

前々から、ゴダールの映画を一度は字幕なしで観るようにしている。といってもフランス語が得意なわけでもなければ、日本語字幕の内容に不満があるからでもない。字幕を読む時間が、映画の時間に干渉するからだ。

ゴダールの映画では、複数の声や音楽が頻繁に飛び交い、ショットのタイミングと絶妙に組み合わされている。そして何より、画面に現れるテクストのタイミングが絶妙だ。ところがここに字幕が入ると、どうしてもことばの意味を追おうとして急いで文字列の方に目が行ってしまう。ゴダール作品のことばは、簡潔で力強い。その分、そのことばの時間と、字幕の意味を推し量る時間とが、かち合ってしまう。そこにかかずらわっていると、どうしても音と映像の時間をいくつも見逃すことになる。

たとえば『愛の世紀 Éloge de l'amour』（２００１）はどうだろう。この映画はモノクロで始まるのだが、あちこちで印象的な暗転が行われる。その間も声は流れているから、字幕付きで観ていると、画面の下には白い文字列が次々と映るし、わたしたちはそういうものだと思って観ている。しかしフランス語ができない人も、だまされたと思って一度字幕をオフにして観ていただきたい（幸い、ＤＶＤや配信ではこういうことができる）。一面に黒い画面の中で響く声の思いがけない静けさに、はっとさせられるはずだ。そして、この映画の中で繰り返し黒い画面の中央に記される「de l'amour」「de quelque chose」という二つの句（愛の／何かの）が、次第に、画面から響く声とは別の、警句のような力を帯びてくることが、はっきりと感じられる。

この小文では、21世紀になってゴダールが監督した作品を取り上げるのだけれど、できれば、字幕ありと字幕なしの二通りを観ていただきたい。そうすれば、彼の描く物語＝歴史が、音と映像によっていかに紡がれていくかが、ありありと感じ取れるはずだ。

『愛の世紀』には、ゴダールの作品の中では珍しく、物語性が強く感じられる。エドガーという男が、ある作品を構想している。それは愛の四つの段階、すなわち、出会い、肉体的な愛、別れ、そして再会を描くもので、青春期、成人期、老年期の三者によって演じられるはずなのだが、作品が小説になるのか、劇になるのか、映画になるのかも定かではない。エドガーは、何も書かれていない白い本を何度もめくって考えにふける。それはまるで、白い映像が翻るページのフリッカーを見つめるかのようで、映画の原理、一コマ一コマとその間に存在する闇を連想させる。そしてそれは、冒頭から続く、映像と映像、その間に存在する暗転のようでもある。

エドガーはやがて、パリの書店で開かれたコソボ紛争に関する講演会で、ある女性と再会する。語り合いを続ける二人は川辺にあるルノーの工場跡を訪れる（『自由を我等に』に登場する蓄音機工場をちょっと思い出させる）。ゴダールの撮る乗り物の動きには魅了されることが多いけれど、このシークエンスで撮影されているボートもその一つだ。二人は川に架けられた大きな橋の下で語らう。そこで交わされる「何か他のことを考えながらでなければ、考えることはできない」ということばは、そのままゴダールの映画のようであり、この映画で繰り返されるテキスト、「愛の何か de quelque chose de l' amour ／何かの愛 de l' amour de quelque chose」のことのようでもある。愛の何かを考えながらでなければ、何かの愛のことを考えることはできない。女性と別れたあと、エドガーは、とある人物からその女性に関する報せを持っていると告げられるのだが、ここで映画は突然色彩を帯びる。そこから流れ出すのがどのような時間かについては、ここではあえて記さないでおこう。

history（歴史）にはstory（物語）が入っている。どちらも同じ語源を持つからだ。フランス語ではどちらもhistoire。ゴダールの作品で繰り返されるhistoireということばは、歴史のことを語りながら物語のことを語り、物語のことを語りながら歴史のことを語る。人と人との来歴が歴史に重なり、物語になる。『愛の世紀』ではこの歴史＝物語ということばが一つの鍵だった。『アワーミュージック』（2004）もまた、そうだ。

『アワーミュージック』の物語＝歴史は、『愛の世紀』の変奏のようなところがあるけれど、大きな特徴は、多言語で語られるということだろう。物語の中心となるのは、オルガ、そしてジュディスという女性。さらにフアン・ゴイティソーロ（ボスニア・ヘルツェゴヴィナ紛争の最中に書かれた彼の『サラエヴォ・ノート』は、この映画のよき手引きである）、パレスチナの代表的詩人であるマフムード・ダルウィーシュ、そしてゴダール自身が本人役で出演している。

ゴダールは、ヨーロッパ芸術会議に参加するためサラエヴォを訪れる。街のいたるところに、紛争の生々しい爆撃の跡が残っている。ホリデイ・インはかつて戦争時に報道陣の定宿となった場所。瓦礫と化した図書館では、ゴイティソーロがスペイン語で語り、ダルウィーシュが書く。コロンブスに「インディアン」と呼ばれた者たちが英語で話す。全く別のことばが次々と接続される。サラエヴォでのセルビア人とボシュニャク人との対立を、サラエヴォの外に接続するように。

ロシア系のユダヤ人であるオルガは、紛争の真っ只中にあったサラエヴォに暮らし、民族同士の対立の歴史に身を置いている。そのオルガがサラエヴォの街を溌剌と走る。紛争に別の線を引くように。ジャーナリストのジュディスはテルアビブ生まれのユダヤ人だ。ジュディスはマフムード・ダルウィーシュにヘブライ語でインタビューする。ダルウィーシュはアラビア語で答える。サラエヴォでのレクチャーで、ゴダールは映画の切り返しショットについてフランス語で語る。映画は、ある言語による語りに対して別の言語による語りをつなぐこと、つまり全く異質なものどうしを切り返すことで、二つの民族どうしの間でどうにもならなくなってしまった争いを外に開こうとしている。

会議を終えて帰宅したゴダールは、ラモスからある報せを受ける。それがどんな報せかもまた、ここではあえて記さないでおこう。

『ゴダール・ソシアリスム』（２０１０）の冒頭では、これまでしばしば映されてきたレマン湖のおだやかな水面から一転、地中海の黒い波が、ぎらぎらするような解像度で映し出される。『ゴダール・ソシアリスム』の特徴のひとつは、撮影部分がすべてデジタルで撮影されていることだ。ときには、まるでYouTubeに投稿された作品のような猫の映像や、あえて減色された低解像度の映像まで使われる。そしてもうひとつは、カメラで撮る者が多く登場することだ。誰もが気軽に静止画や動画を撮影できるようになった結果、被写体にカメラを向ける人の数が増えるだけでなく、カメラが向けられる時間もまた長くなった。いま観ているこの映像も、いま画面に映っている者のようなしぐさで撮られたのかもしれない。ダゲールが写真を発明したとされる1839年にパレスチナには早くも多くの写真家が訪れ、聖書の逸話とその風景を結びつけるように撮影を行った。ゴダールはこの写真史初期の逸話を紹介することで、映画自体も含めたさまざまな撮影行為を物語＝歴史の中に置く。

映画は三つの部分に分かれている。第一部では地中海をクルーズする客船内の生活が映し出される。豪奢だが上品とは言いかねる食事やエンタテインメントの場面を割くように、パティ・スミスが弾き語りで通過する。第二部「どこへ行く、ヨーロッパ」では、フランスの田舎でガソリンスタンドを営む一家のもとにテレビ局のクルーがいきなりやってきて、現代国家における彼らの立場について無理からにインタビューを行う。家族と、市民としてのあり方を問い家庭への不満を表明することを強要するインタヴュアーたちとの関係は、国外に対してフランスが行ってきた関係をフランス内に持ち込んでいるかのようだ。第三部では、「われら人類」と題して、『アワーミュージック』の冒頭を引き継ぐように、エジプト、パレスチナ、オデッサ（の階段）、ナポリ、バルセロナなどのさまざまな劇映画の断片が接続される。

3D映画は、映画史の中でひとときの流行を巻き起こしては消えていく、あだ花のような存在だ。ゴダールは『さらば、愛の言葉よ』（2014）でその3D映画に挑戦した。しかし、それは従来の3D映画とはまったく異なっている。なんといっても、目にやさしくない。映画には犬のロクシーがしばしば登場するのだが、その身体は画面の一番奥から飛び出してきて、観客の間近まで鼻先を近づける。あまりに奥行きがつきすぎているので、左右の目の映像を合

『さらば、愛の言葉よ 3D』
Blu-ray ＆ DVD 発売中
発売：コムストック・グループ
販売：ツイン

『さらば、愛の言葉よ』

わせるのに苦労するほどだ。

通常の3D映画では、できるだけ左右の像が自然に合うように、ステレオ・カメラの二つのレンズの幅は、ほぼ目の幅に近く設定されている。ところがゴダールと撮影のファブリス・アラーニョは、既成のステレオ・カメラを使うかわりに、市販のカメラを二つ横に並べる方式を採った。カメラの筐体がそれなりに大きいので、二つ並べると、レンズの幅は目の幅よりも大きくなってしまう。ゴダールはそれでも構わない。それどころか、いくつかの場面では、突然二つのうちの一つのカメラを雲台から外して、一人の登場人物を追い始める。観客はもはや左右の像を合わせることすらできなくなって、お互いに重ならない二つの像のあいだで混乱させられる。まさに「何か他のことを考えながらでなければ、考えることはできない」を二つの目で実現してしまう体験だ。『ソシアリスム』などで行われてきた、二つのことばを重ねてしまう試みも、3Dで行われるのだが、そこでも、左右の目にただの奥行きを見せるのではなく、まったく異なる文字を見せてイメージを衝突させる。ゴダールは1960年代から、既成の映画のきまりごとから逃れるように、音声を映像から切り離すさまざまな実験を行ってきた。誰もが一つのセットだと思い込んでいるステレオ・カメラの二つのレンズを切り離すなどという発想は、ゴダールならではのものだろう。

映画では、二組のカップルの和合と別離が、奥行きを強められすぎた3D空間の中で繰り返される。通常の3D映画では、不必要な見世物性を強調しないように、映画のスクリーンよりも向こう側の奥行きで劇が繰り広げられることが多いけれど、この作品には、そんな上品な規則はない。画面のこちら側でカップル達がまぐわい、足裏まで生々しく突き出す大胆な構図には、観ていて笑いすらこみ上げてくる。今後3Dでこの映画を鑑賞する機会はそう多くないだろうが、もし幸運にもそんな会を見かけたら、ぜひ逃さないでいただきたい。

もう一つ、映画の終盤に現れる『フランケンシュタイン』の作者、メアリー・シェリーにも注意したい。メアリーが夫のパーシー・シェリー、そしてバイロン卿とともにこの映画の舞台であるレマン湖畔に滞在し、『フランケンシュタイン』を記したのは史実なのだが、映画では、その彼女が羽ペンで執筆をするシーンが描かれる。耳のいい人は気づくかもしれないが、ここでメアリーが羽ペンで紙を擦る耳障りな音は、ステレオ音声の右からだけきこえて、左チャンネルは空白になっている。映像の真ん中でペンは走っているというのに。

おそらくこれは単なる気まぐれな創意ではない。『フランケンシュタイン』の主人公は、美しいスイスの山や湖の自然に囲まれていながら、それらにはまるで心を動かされず、納骨堂や解剖室から人体や動物の死体の断片を集めて、新たな生物を造るのに没頭する。『フランケンシュタイン』もまた「何か他のことを考えながらでなければ、考えることはできない」人間が産み出したものであり、ゴダールは、左右の異なる音声という形式によって、この思考の形式をなぞっている。

『イメージの本』（2018）は「イメージとことば image et parole」ということばから始まる。ゴダールは、話し言葉や書き言葉の底にある言語のことを langage と呼び、おしゃべりによって生まれる parole と区別する。『さらば、愛の言葉よ』の原題は「Adieu au langage」であって、そこでさらばを告げられているのは「言語 langage」だけれど、この『イメージの本』が扱おうとしているのは声によって紡がれる「ことば parole」であることに注意しておこう。

人の行為は速い。五本の指はあっという間に何かをしてしまう。五本の指と五本の指とがある時刻、ある場所のフィルムと、別の時刻、別の場所のフィルムとをつないでしまう。ひとつながりになったフィルムが、あっという間に時空を越える。その速さに、言語は追いつけない。一方で、人生より長い物語を想像するのは難しい。『イメージの本』で、ゴダールは全く異なる尺度の物語＝歴史、全く解像度の違う映像、異なる音を次々と衝突させていく。引用される映像が元の解像度や大きさ、縦横比を失っていてもかまいはしない。ゴダールがずっと扱ってきたイスラエルとパレスチナの紛争、そしてホロコースト、ＩＳＩＳ。到底語り得ないと思われる希望を、しわがれた声は、それでも語り続ける。やがて映画は、マックス・オフュルスの『快楽』の一場面にたどりつく。その『快楽』で男がパリの大通りを駆け抜けて来て一気に踊りに加わるまでの見事なカメラの動きを観直したら、再びこの『イメージの本』に戻ってこよう。

『イメージの本』
Blu-ray　5,720円
発売　レスペ＋コムストック・グループ
販売　株式会社ハピネット・メディアマーケティング

『イメージの本』

鼎談
佐々木敦＋阿部和重＋中原昌也
もっとも倫理的な映画作家なんじゃないか

ストローブとゴダール

――まず、ゴダール亡くなった後に、何か作品を見直してみたりしましたか。

阿部　この鼎談をやるために1本か2本は見直しておかなきゃいけないかなと思いまして、遺作となった『イメージの本』を昨日観ました。それはともかくとして、最初にちょっと話しておきたいと考えていたことがあるので。触れた方がいいと思うんですけども――ストローブも亡くなったわけですよね。つい最近。

これは映画史的に象徴的な出来事とも言える事実だと思ってまして。というのも、元々ゴダールもストローブも、ヌーヴェル・ヴァーグから出てきた作家と見なされているじゃないですか。

佐々木　はい。

阿部　その二人が、たまたまではあっても同じ年に亡くなってしまった。その亡くなり方が二人とも全然違っていたということも含めて、そこに意味を見ることもできるかと考えたんです。ストローブとゴダールは年齢的にも近いわけですよね。ではどのようにその両作家の違いを語れるのだろうか。

作品そのものの作り方の違いという意味では、単純にストローブの映画は系統としてはリュミエールまでさかのぼれる気がします。つまり、固定画面による「記録」を重要視し、それを主体として映画を撮っている。完全にいつも固定画面というわけではないでが、どこか意味のある土地に役者を連れていって本を朗読させるとか、そうしたミニマムな作り方の作品が多い。単にシンプルに作っている。そういう撮り方はリュミエール兄弟まで遡れるなと考えました。
　そういう見方でいうと、ゴダールはジョルジュ・メリエスになるんじゃないか。対比として、単純に映画の作り方という意味では。ゴダールもシンプルに撮っているところはあるとはいえ、加工が好きな人ですよね。デビュー時の『勝手にしやがれ』では「ジャンプカット編集」と言われましたけども、あれも加工の一種です。そういう意味で、映像を撮っている段階でも、あるいはポストプロダクションの段階でも、いろいろいじくることで、自分の作風を作り上げていった作家だと、ゴダールに関しては言える。
　ストローブはリュミエール兄弟系統でゴダールはメリエス系統。だいたいこのふたつの系統から映画史を捉えるというのはよくありますね。そしてストローブとゴダールに関しても、そういう整理というか位置づけみたいなものに嵌ってしまうのかと、今年その二人が亡くなったことによって、思い当たりました。最初にそれを言っておきたいなと思っていたので。

で、『イメージの本』を観ても、加工だらけなんですよね。あれはほぼコラージュで、『映画史』で行ったような、既存作品の場面を引用して——そのままの映像ではなく、加工したものもたくさんあるんですけど——それらを引用してつなぎ合わせてコラージュするという映画になっている。それが結果的に最後になったというのもゴダールらしいといえばゴダールらしい。
　やってることはいつも同じじゃんみたいに言われるのかもしれませんが、細かく見ると「あれ、これは今までやってないな」みたいなことを『イメージの本』でもいろいろやってるんですよね。毎回いろんなこと考えながら撮っている人だったんだなと、改めて感じました。

——なるほど。中原さんはいかがでしょうか。

中原　最初に訃報を聞いて思ったのは、もう新作を観ないで済むからよかったなという。

佐々木　ははははは。

中原　それが最初の印象ですけど。もう考えなくて済むなっていう。
佐々木　まだ出てくるかもしれないよ。
中原　撮ってないんですよね？
佐々木　撮る予定はあったみたいだけど、たぶん撮ってはないだろうね。二本くらい企画はあったみたいだけど。ファブリス・アラーニョが実はこういう短い作品が残ってましたとか出してきて遺作が更新されるかもしれない。
中原　ねえ、嫌ですねそういうの。
一同　（笑）
中原　死んでよかったとは思わないけど、新作を観なくて済むのは肩の荷が下りたみたいな。でもこの対談をやると言っちゃってから、自分が頭が悪いのを忘れていて、何を語っていいかまったく分からなくて。死んだ後も何も観てなくて、もう何も観ないまま対談に臨むのかなと思って、よく考えたら『探偵』って観たことないなと。それで寝る前に観てたんですけど、結局寝ちゃって。
でも意外と普通の俳優がいっぱい出てるなと、しみじみと思いましたけどね。『ラ・ブーム』の人が出てきたり。クロード・ブラッスール。
佐々木　『探偵』は案外お金かけて作った映画ですよね。
中原　金かけて作ってもこれか、みたいな。まあこんなもんなんですけど、ゴダールはいつも。
佐々木　それは言える。家の中でずっと話が展開して。

レマン湖畔の雑木林

中原　さっき阿部さんのを聞いて思い出したのは、ストローブ＝ユイレもそうだけど、雑木林映画はここで用意されてたんだなと。
阿部　雑木林映画？
中原　その辺の雑木林みたいなところで撮ってる映画が多い。スタジオじゃなくて。
佐々木　雑木林はゴダールとストローブ＝ユイレをつないでるよね。どっちも好きだもんね。
中原　俺が好きな雑木林映画はゴダールが発明したん

だなと、新たな発見がありましたね。リュミエールの雑木林映画はおばちゃんがいて水まきしてるやつですけど。あれが最初の雑木林映画だと思ってます。まあ雑木林映画が好きなんですね。スタジオで撮られた映画よりね……もう話すこと終わっちゃったかな。

阿部　（笑）。そうだ、中原さんが「新潮」に寄せた追悼エッセイを読みましたよ。レマン湖のところにライヴに行って、ゴダールがいないかって聞きまわったという話を書いてたじゃないですか。

中原　いや、そんなには聞き回ってはいないんだけど、でもみんな知らないっていう。

阿部　ほぼ私も似たような経験をしていて（笑）。文学祭みたいなシンポジウムに作家が呼ばれたことがあって、スイスに行ったんですよ。レマン湖のほとりに滞在する期間があったんです。それで空いた時間があったんで、ゴダールの家が近いから行きたいって、車でその周辺を散策というか家を探したことがあったんですよ。

中原　ストーカーだね（笑）。

阿部　そう、ストーカーで。この辺だっていうことは話を聞いてわかったんだけども、どの家か特定できなくて。でもミエヴィルのお家はあったんだよ。ちゃんと表札があったのかな。

中原　ああ、そうなんですか。

阿部　その前で記念撮影はしたんです。で、歩いてる間にゴダールと会えるんじゃないかと思ってウロウロしてたんだけど、結局会えずじまい。レマン湖のほとりに白鳥がいたので写真を撮ったり。

中原　いいですね。

阿部　その後に『探偵』で使ったホテルが近くにあったので、そこも行って記念撮影してきましたよ。今思い出しました。

中原　そういうこと好きなんですね、ミーハーなことするの。

阿部　いや、初めてやってみたんですよ、いわゆる聖地巡礼的なものを。もうここまで来ることもないかもなと思ったんで。

中原　ちなみに僕は2回行きましたか！

阿部　2回行きましたけど。

中原　ええ、でもそんなことしてないですけどね。

佐々木　アニエス・ヴァルダがJRと撮ったドキュメンタリー映画『顔たち、ところどころ』で最後にゴダールの家まで行ってドアをたたくんだけど、居留守使われて終わるみたいなラストで。

中原　それ観てないんですけど、居留守ってなんでわかるんですか（笑）。

佐々木　いや、いるんじゃないかって言ってるんだけど。出てこないから諦めて帰るという終わり方なんだよね。

中原　ああ、匂わせる感じ。

佐々木　たぶん世界中の人がやってるんじゃない。

阿部　あの辺ばかりで映画を撮ってるから、いそうな気がしちゃうんだよね。

中原　家でも撮ってるし。

佐々木　家の中と家の周りでしか映画を撮ってないとしか思えないこの10年。

中原　雑木林監督ですよ。

佐々木　雑木林と海辺でしか撮ってない。

阿部　わりと60年代から毎回、雑木林と海辺というか水辺はだいぶ撮ってますよね。だから好きなんでしょうね。

佐々木　本当に全部同じ場所なのかもしれないという疑惑はぬぐえない（笑）。ある時期からはスイスにいたわけだし。でもストローブも亡くなって、ヌーヴェル・ヴァーグ世代の有名な監督ってもうこれで全員死んじゃったんですよね。

中原　ジャック・ロジエが生きてはいますよね。

テクノロジー志向

佐々木　あ、そうか、逆にそういう寡作の人が残っていると。でも、まあ年齢的にも当然亡くなっていくわけだし。やっぱり一つの時代が終わった感みたいなのを感じざるを得ない。このタイミングでストローブが亡くなるとは思ってなかったから、そういうことは、まあみんな思うよね。

阿部さんが最初に言った、リュミエールとメリエスの二系統みたいなのは、本当にそうだなと思って。ゴダールにとって映画とは基本的にモンタージュというか編集。ゴダールにとっては編集が映画とほとんど同じ意味くらいになってるところが最初からあったと思います。そういう意味でゴダールが編集だったら、ストローブ＝ユイレはそれ以前というか、撮影するとか記録するということ自体にこだわってるところがある。撮っちゃったらその後はわりとどうでもいいというか。

どこか縁のある場所に役者だか役者じゃないような人を連れていって、何か本を読ませて、ただレナート・ベルタが撮る。みたいなのがストローブ＝ユイレだとしたら、ゴダールは撮った後のことの方が重要で、それを混ぜたり、加工したり編集したりする。そういう意味では対照的なスタイルで、かつそうしたスタイルの創始者みたいな二人が相次いで亡くなったという感じはしますよね。

阿部　ゴダールの場合は編集とかデクパージュと言われる、どういうふうにつないでいくかというところにどうしても注目しちゃうんですけど、かといって長回しをやってないかというと、めちゃくちゃやっている。『軽蔑』でもそうだし、単にカメラを横に振ってるような撮り方だけでなく、クレーンとか使って難しい撮影もいろんな作品でやってるんですよね。そういう技術や伝統的な技法まで含めて、できないとかやらないとかではなく、一応やるんだけども、そっちはあんまり中心に置かないという作り方ですね。そういうところも見ておかないといろいろ見逃してしまう。それも含めて考えてみると、単純に機材とか使うのが好きなんだなっていう。

佐々木　それは間違いないですね。

阿部　メカとかテクノロジーを使って何か作る。それは一貫してると思いますね。初期から晩年まで。

中原　そういうところが観てて疲れてくるんですけどね。撮影が簡単になった世の中なんだから、もっと適当に、その辺に置いて適当にやりゃあいいじゃんと思うんですけど。

阿部　それもやってたじゃん。iPhoneでそのままっていう。

佐々木　3Dもやったしね。

中原　ああ、3Dね。でもあれについては僕は毎回言ってるんだけど、僕はもっと先に同じことをやってたんですよ。３Ｄで左右別な映像が映ってるっていうの。まあ、どうでもいいです。

阿部　そこで同列に扱うなと言われるかもしれないけど、機材やメカをいろいろ使いながら、一般的な技法とは違う表現に向かうところは、中原昌也とゴダールはかなり近いというのは、やっぱり印象としてあります。今日はそういう話になるなと思ったんですよね。

中原　そんな話、しなくていいですよ。

阿部　そこはやっぱり言っておきたい。そこは否定できないところが、やっぱりあるんですよ。

佐々木　間違った使い方が結果としてクリエイティヴィティになる。

中原　いや、僕くらいゴダールから遠く離れた人間はいないですよ。

阿部　本人は絶対そう言うので。

中原　映画が好きかというと、観ないで過ごせたらいいなあみたいな感じで毎日を生きてきて。でも観ちゃいましたね。最後までは観てないですけど。

阿部　やっぱり観ちゃうんだよね。

中原　かといって面白かったかといったら、まあこんな感じだよなみたいな。なんでそう思ってるかって、不幸についてちょっとしばらく考えた。その話ができたらなと思ってるんですけどね。今言うべきですかね。

阿部　してくださいよ！

中原　小学校を卒業したぐらいから、リバイバルがあってゴダールに出会って、そこから見始めたんですよ。何で観たかというと、僕の場合は蓮實さんとかではなくて、その時期に読んでいた雑誌とかにゴダールの話題がやたら出ていて、これは何者なんだと思って。親に聞いたら親はなんとなく説明してくれたんですけど、よくわかってなくて。それでわざわざ観に行ったっていう感じなんですけどね。観にいくにあたっていろいろ勉強したんですけど、蓮實さんの本は難しくて読めなくて。でもやっぱりやっぱ細川（普）さんとの出会いがでかいんですよ。細川さんはゴダール好きな若者をいろいろあれするんですよ。何て言うんだっけ、そういうの。

佐々木　オルグ？

中原　オルグしないんですよ。抑圧するようなことを言うわけですよ。

阿部　ああ、そっちなんだね。
中原　別に嫌わせるわけじゃなくて、もう面倒くさいことをいっぱい言ってくる。
阿部　なるほど。
中原　だんだん面倒くさくなって、だんだん嫌いになっちゃって。自分の中で。
佐々木　シネフィル文化だよね。そうやって上からいろいろ言われて、なんかすいませんみたいな世代ですよね、我々は。
中原　そうなんですよ。なんでこんなつまんない映画みんな観るんだと。全部観るんですけど。その時期と、あとチャラい時期があるじゃないですか。『女は女である』が最たるものですけど、本当に嫌いで。『中国女』とかマジで嫌いで。とか言って主題歌の7インチ持ってるんですけど。それはともかくとして。
佐々木　はははは。
中原　一応全部観ておくんだけど嫌いというか。わかんないんだから別に語る気もないっていうか。なんかあれを押されてしまったんですね。別にそれは細川さんが悪いとは思わないけど。そういう人に若い時出会っちゃったことはやっぱり不幸だったとしか言いようがないっていうか（笑）。人を批判してるようですけど、むしろそういう個性を作ってくださったと思ってますけどね。
佐々木　（笑）。
中原　安易にゴダールが好きとか言えない感じの。
阿部　なるほどね。
佐々木　でも、確かに素でゴダールに出会うというよりも、なんかゴダールとゴダールをめぐる言説が一緒に入ってきちゃったみたいなのはもうぬぐえないですよね。どうしても。
中原　もっと軽薄に「ゴダール好き！」とか言えるような育ち方をすればよかったですよね。よくないところに行ってしまったんですね。仕事上で知り合っちゃったから。
佐々木　そういう世代になってしまっているような。だからもっと若いともう少し違う距離感があるかもしれない。この間、〈リアルサウンド〉で宇野維正さんと森直人さんがやってる連続企画で呼ばれたことがあって、彼らだって年齢はそんなに僕らと変わらないんだけども、何か観てる世代が下だから、ゴダールに対しての距離感がもっとすっきりしてる。わりと簡単に悪口が言えちゃうみたいな。

中原 宇野くんといえばあれですね。ゴダールに質問したら……

佐々木 そうそう、ブチ切れられた。

阿部 それは何を聞いたんですか。

佐々木 なんか好きな車だったかな？　そしたら「なんでそんなこと聞くんだ」みたいな答えしか返ってこなかったっていう。

阿部 ははははは。

中原 あの溝口を生んだ国にこんな馬鹿な質問をするやつが奴がいるなんてって。

佐々木 言ってた言ってた。

阿部 全然知らないわ。そんな事件があったんだね。

佐々木 いまだに溝口としか思ってないんだなっていうのもすごい。日本イコール溝口を生んだ国っていう。

阿部 それはずっとそうですよね。引用もするし。

中原 そこで宇野くんを軽蔑すべきか尊敬すべきか、まあゴダールに会う機会があったとしてもそんなバカな質問をしなくてよかった。

日本のゴダール受容

阿部 そういう意味でゴダールも非常に振り幅がでかいというか、いろんな見方ができる。

中原 まあ順当にいい人じゃなさそうだというイメージが強いですけど、そんなことないですかね。

阿部 いい人ではなさそうですよね。映画も、これ絶対いい人じゃないなって映画になってる。とっつきにくさとか、何をやってるんだろうと考えさせちゃうところで、50年くらいやってきちゃった。最後の最後まで何やってるんだろうと思わせて終わっていった作家だなと。

中原 まあそうですね。でも、よくみんなゴダールとかと平気で語れますね。何も語りたくない。じゃあ参加するなって感じですけどね。いろいろ考えさせられるものではあるんですけど。何も語らずに過ぎ去りたいとばかり思ってしまうんですけどね。

佐々木 僕らも含めて、日本は特殊なゴダール受容の国だと思うんですよね。ほかの国よりもゴダールが特別な存在として、蓮實さんや山田宏一さんの影響もあると思うんだけど、あとは一連の音楽家、坂本さんとか小西さんとか菊地さんとか、ずっとゴダールにこだわっている。そういうカルチャー的な受容も日本ではあるじゃないですか。これからそういう本や企画がいっぱい出てくる。

中原　僕は青山真治の追悼でさえ、全く原稿依頼がこなかったということで、たぶん危機感からこれに参加してるに過ぎなくて。別に青山さんで金を儲けたいというわけじゃないけど。とにかくそんなにゴダールについて語りたいかというと、別に全然そんなことはない。詐欺みたいなもんですけどね。

阿部　でも「新潮」のエッセイでは一応ちゃんと律儀に、この作品はＯＫというのを何本か挙げてましたよね。

中原　それぐらい書いておかないと不真面目すぎて怒られそうな気がして。理由については面倒くさいから。

阿部　それはまた別の原稿でと、ちゃんと仕事をつなげるような書き方だったんで。

中原　つながらないよ、そんなの！

阿部　ここで話すわけにいかないのかな（笑）。

中原　見直してないから何を喋っていいか分からないし。やっぱり佐々木さんも見直したんですか。

佐々木　Strangerという新しい映画館ができて、ゴダールがこけら落としだというのでパンフレットに原稿を書いたんですよ。それはゴダールはもうすぐ死んじゃうけど、そうしたらみんなどうするつもりなのっていう内容の文章で、それもあったから何か観ないとなと思って、結局観たのは『ＪＬＧ／自画像』。時間も50分ぐらいしかないから見直しやすいというのと、ブルーレイが手元にあったということで。後半にあの目の見えない女の人が編集をやるといって、そこからの展開がめっちゃ感動的でいいんですよね。

中原　生前最後に観たのは『自画像』でしたけどね。

佐々木　ああ、そうなんだ。

中原　でも、何も覚えてない。そんなのありましたっけ。全然覚えてないですね。最後まで観てないのかも。50分にもかかわらず。

佐々木　途中で寝ちゃう感はあの映画もあるので。

『フォーエヴァー・モーツァルト』を見直そうと思ったけど、頭の方しか観れなかった。
中原　あれは爆音で観ないと意味がない感じですよね。
佐々木　そうかも。変に地味に見えちゃった。
阿部　あれは公開当時、「カイエ・デュ・シネマ・ジャポン」の誰かが「早朝バズーカだ」って言ってて（笑）。
中原　あれに似てますよ、欽ちゃんの番組で。
阿部　欽ちゃんかよ（笑）。
中原　ドカーン歌合戦ってのがあって、歌の間にドカーンって爆発音を入れるっていう。
阿部　そっちのほうが近そうだね。
中原　テレビで語られたゴダールで一番覚えてるのはあれですね。あのプロレス中継の人。
阿部　古舘？
中原　そうそう、古舘伊知郎がミッドナイトなんとかに出てきて。ゴダールの映画やってましたけど、観客はゼロでしたみたいなことを揚げ足取り的に言ってて。それを見て死ね！と思いましたけどね。ゴダールの映画はもう全然誰も観ないみたいな。それにはむかつきましたね。
阿部　それはそれでムカつく。
佐々木　古舘伊知郎がプロレスの中継の人っていうイメージで止まってるのがすごい。
中原　何でしょうね。そういうふうに馬鹿にされるとむかつきますね。
佐々木　そういう存在だよね。言われたくはないみたいな。いわゆる反知性主義的なものの対象になりがちなところがあるから。擁護してる側も別にわかってるわけじゃないみたいな。
中原　そうなんですよね。観たところで面白いわけじゃなかったりする。
佐々木　寝ちゃうねって言われると、いやそんなことないよって言いたくなる。
中原　そう。まあ見事寝ましたけど、今日。
阿部　そういう付き合い方が多いのかもしれないです。
中原　配信で映画を観るのが日常になっちゃってるせいで、寝ることも当たり前になっちゃってるんですよ。
阿部　それも習慣化されてるという。

中原　もう、森一生の映画だって3回ぐらいかかってやっと観て。
佐々木　寝ても大丈夫だもんね。配信であれば。
中原　また観れますからね。
阿部　そういう緊張感という意味では、またどうせ観れるからっていう気持ちになっちゃうんでしょうね。
中原　ゴダールもDVD持ってても配信で観ちゃうから。
阿部　ゴダールも結構配信もありますか。
中原　結構あるんですよ。これが。
佐々木　U－NEXTは結構ありますね。
中原　もう全然ソフトを買わないで見ちゃいますね。

プライベートを明かさないこと

佐々木　ゴダールの追悼上映的な何かが大々的にあるようであれば、短編とか中編とか、ちゃんと日本でやってないのが死ぬほどいっぱいあるから——ネットを探せばたいてい上がってるんだけど——普通の長編映画はなんだかんだで配信とかでも観れたりするけど、そういうのが観られる機会があるといいなとは思いますね。
阿部　（U－NEXTの画面を見ながら）確かに『ゴダールの決別』とかありますね。この『グッバイ・ゴダール！』って観た人いますか？
佐々木　観ましたよ。ゴダールとアンヌ・ヴィアゼムスキーの結婚生活の顛末を撮った映画で。
阿部　その二人なのか。
中原　僕も断片的には観ましたけど。
阿部　ヴィアゼムスキーの自伝が映画化されたんですね。
佐々木　ヴィアゼムスキーが他の人の映画に出てゴダールが嫉妬、とか。ゴダールの映画とは何ら似たような感じを持たない、ゴダールが主人公の映画。
阿部　それはそれでクリティカルですね。
中原　僕は原作を読んでますね。興味ないとか言いながらなぜか読んでる。ヴィアゼムスキーのその前の本も読んでるし。
佐々木　続き物になってるんですよね。自伝だから。
中原　嫌な女ですね。あんなこといちいち全部書いて。

佐々木　ゴダールが亡くなってミエヴィルがどういう発言をするのか。
阿部　そういえば見てないですね。
中原　どこかで発言してるんですかね。
阿部　そういう記事は一切何か目に入ってないな。
佐々木　キネ旬のファブリス・アラーニョのインタヴューも、インタヴューを受けるにあたって、ゴダールの死に方とか死ぬ前にどういう病気だったとか、そういうことは質問しちゃいけないという条件だった。その辺に何かあるのかもしれないですね、アンタッチャブルなものが。ミエヴィルも発言はしないんじゃないかという気もする。
中原　病気じゃなかったと聞いてますけど、そうでもないんですね。
佐々木　わからないよね。病気でなくても92歳だから。
阿部　「耐え難い苦しみ」みたいなものをずっと抱えてたというのがだけが独り歩きして伝えられてますが。病気が原因じゃないってことなんですかね。
中原　とにかく疲れたとしか聞いてないですね。
阿部　あれだけ映画に自分自身が何度も出続けて、自宅やその周辺も撮りまくってたにもかかわらず、その辺のプライベートな事実に関しては表に出さない姿勢は、そこも何かゴダールらしい二重性みたいなものがありますね。
佐々木　ニコラス・レイをヴェンダースが撮った『ニックス・ムービー／水上の稲妻』――病室にずっといるやつ――みたいに、ベッドに寝ているゴダールの映画とかやっても不思議じゃない気もするけど、やらないのがゴダールという気もしますね。
中原　そうですね。でも出てくるんだったら、杖をついたり、爪を伸ばしたり、『リア王』みたいなことやって欲しかったです。
佐々木　めっちゃ白髪で長髪になってるとかね。
阿部　変なコードを髪からいっぱいぶら下げてドレッドみたいな感じにしたりね。思えば、安楽死するなら、そこも全部カメラで撮ったりするようなタイプの映画作家も一方でいるわけじゃないですか。ゴダールはそういうことはしなかった。
佐々木　自分が出たりはしつつも、私小説的な作家じゃない。

嘘をつかない倫理

阿部　そこはズラすんだなという。そういう話になったので前々から思ってたことをお話しすると、機材や新しいテクノロジーが出てくると好んで使っていたことはもちろんあるのですが、初期から強調してきたことの一つに、「これは造りものです」ということを、いろんな形で強調するような映画作りをしてきたというのがありますよね。ジャンプカットというのも、映像とは人間の視界の見た目がそのままつながってるような錯覚を覚えさせる表現だから、そういうところでリアリティを感じさせてしまう。でも時間が飛んでるような画面のつながり方をすることによって、機械が介在してますよと、人の手が介在してますよということを常に感じさせるような画作りになっていた。

　その後も、黒みを入れたり、いろんな形で――例えばカメラとカメラを向き合わせて撮ったり、これはカメラで撮られた映像ですよという風に見せたり。ビデオ画面の引用をたくさんするようになると、フィルムとの質感の違いで、ビデオ映像の走査線みたいなものがバンバン見えてくるようになる。そこからいわゆるソニマージュですか。映像と音響の試みに入っていって、音の聴こえ方みたいなものも、機械的にいじくっている感じを出してくるわけですよね。『愛の世紀』でも色のコントラストをすごく上げたりしてベタっていう見え方にしたりとか、にじんでいるような絵とか。『さらば、愛の言葉よ』を３Ｄで撮ったじゃないですか。あれは３Ｄの使い方自体もすごく面白いことをやってるんですけど――まあ中原さんの方が先だっていうのはあるんですけど。

中原　どうでもいい話ですよ。

阿部　でね、３Ｄをどういう風に使ってるんだろうなと考えたんです。３Ｄのブルーレイも買ったんですけど、それを３Ｄグラスなしで見てみたんですよ。そうすると、当然３Ｄで撮ってるから2重にダブって、ブレたような映像になるわけですね。すると『愛の世紀』の色がにじんだような画面と似たものになるんですよ。確かにグラスで見ると３Ｄなんだけれども、グラスを使わないで見ることも想定して撮ってるのかなとも感じさせる。つまり「これは全部撮られて、加工されて作ってあるものです」という強調は、初期から晩年まで一貫していると思ったんですね。

そうすると、私なりの結論として、ゴダールって実はもっとも倫理的な映画作家なんじゃないか。映像、表現ってリアリティの追求の方向に行きがちじゃないですか。私の場合は90年代から疑似ドキュメンタリー形式を批判して続けてることもあるせいで、余計にそういうところを敏感に見てしまうところがあるんですが。

そこでゴダールはこれはメディアである、記録して加工されて上映されたものであるということを常に強調してきた。その一貫性で、必ずしもリアリティの追求に向かわないというか、そういう意味でメタのリアリティに到達しようとしているという姿勢がある。つまり嘘はつかないみたいなことなんですけども。そういうところが非常に倫理的な映画作家だなと。

中原 でも犬を川に流したりとか、酷いなと思いましたけど。

阿部 それも確かに酷いんだけど（笑）。

佐々木 流れっていっちゃっただけだから。

中原 流れていってカメラからアウトしていくじゃないですか。

佐々木 あの後どうなるか。

阿部 心配になるんですよね。

中原 殺してないと思いますけどね。

阿部 飼い犬みたいですからね。パルムドッグ賞を取ったらしいですけどね、カンヌで。

佐々木 死んじゃったんだよね、その後に。

阿部 あの撮影で死んだわけじゃないですよね（笑）。それはだいぶヤコペッティ的な。

佐々木 阿部さんが最初に言ってたメリエス。メリエスとリュミエールを比べると、リュミエールが現実でリアリズム、メリエスが作り物ということなんだけど、ぐるっと裏返して、嘘のものは嘘のものとして、ちゃんと考える。嘘のものを本当のものだというふりをしないという意味での倫理性ですよね

阿部 そういうことです。

佐々木 確かにそのとおりで、僕は『カルメンという名の女』のトム・ウェイツのシーンを何度も繰り返し、いろんな本で論じてきました。あれはショットが

変わると曲が巻き戻るので、ショットを全部足すと曲より長くなっちゃうんですよね。だから現実にそこでトム・ウェイツの曲が一曲流れてるよりも、あのシーンは長くなってるわけですよ。それはつまり、現実と映画を撮ることが即物的な意味で違ってしまう。例えばカメラが一台しかなかったら、長回しで撮る以外にある長さをそのまま撮ることはできないじゃないですか。カメラを一回止めたら絶対その間は時間が流れてるし、ポジション変わってるし。それが嘘なんだけど、ゴダールの映画の、「嘘に嘘をつかない」ということを強調していったら3Dまで辿りついたみたいな感じはあると思う。一応あれには2Dバージョンもあるんだけど、3Dバージョンをそのまま観ると、『愛の世紀』の前半のにじんでいるやつと同じ感じに見えるというのは、なるほどなというか。『ソシアリスム』や『イメージの本』にも、そういう粗い画面はいっぱい出てくるもんね。

阿部　あるんですよね。

佐々木　それを見せたいっていう。ゴダールってすごく美しい画面ももちろんあるんだけど、一方で汚い画面もいっぱいある。汚い画面に関しても果敢にやってるっていう。

機材とノイズ

中原　『ソシアリスム』のノイズが入るとことか意図的なのかわかんないっていうか。意図的だとしたら嫌だなと思ったりしましたけどね。

阿部　その辺が微妙なところがある。確かに音も、割れているような音をそのまま残してたりするじゃないですか。『イメージの本』を昨日観た時、最初に上映時に観た時にはあんまり気にならなかったところがあったんです。ビデオ素材の引用なので、テレビで再生した際に、画面のサイズで切り替わるところあるじゃないですか。設定で自動で調整されてサイズが変わったりするの。

佐々木　それ死ぬほど出てきますよね。

阿部　何度も出てくるんですよ、あれ！

佐々木　カクカクってなる。

阿部　あのカクカクを面倒くさいから残してるのか。途中で気に入ったのか、あるいは何か「これいいな！」と思ってやってるのか（笑）。どれなのかわからないんですよね。

佐々木　ただ、むっちゃ目立つ。

阿部　そう、かなり気になるんですよ。思えば振り返ってみると、今までもそういう使い方ばっかりしてきてる。わざとエラーというか。

佐々木　つなぎ間違いってやつですね。

阿部　そうしたものを残していくところで一貫しているる。そういう意味ではセルフ・パロディにも見えるんだけども、ゴダールの映画って内容もそういう意味では何度も同じものを繰り返してるじゃないですか。『ワン・プラス・ワン』を『右側に気をつけろ』でもやってみたりとか。『ヒア&ゼア』を何かで繰り返すとか。そういう意味では途中からずっとセルフ・パロディをやってるんですけども。でも、あんまり、「またセルフ・パロディをやってるな」というところに結び付かないんですよね。そこも新しい機材の使い方でうまく乗り越えているのかもしれない。

佐々木　音楽も後半は同じ曲ばっか使ってて、どの映画なのかわからなくなってくる。そういうお約束みたいなものはあるのに、複雑すぎてそう見えない。ほかの要素があまりにもいっぱい入ってるから、「あれ？これ聞いたことあるな」とか「こういう画面は前もあったな」と思ってもそれ自体も複数だから、どれだかわからない（笑）。

阿部　どれだっけみたいな感じになる。電話の音とか鳥の鳴き声とか、ずっとやってたじゃないですか。

佐々木　完全にサンプラーのスイッチを押してるだけとしか思えない（笑）。

阿部　面倒臭いんだろうなと思うんだけど、でも気に入ってもいるんだろうなとも、どっちなのかよくわからない。あの辺の匙加減がちょっとうまかったのかもとも思うし。

中原　まあ、ＤＪとかやったら面白そうでしたね。機械の使い方がわかるかどうかわかりませんけど。

阿部　機材の使い方も、中原さんがそこは意図的だったら嫌だなというのもよくわかるし。

中原　自分でもやると思うんですけどね。無理にノイズを入れるとしたら。あんま人のことは言えないですけど。

佐々木　難しいよね。新しい機材とか慣れてない機材だと失敗もするけど、使い方は絶対に慣れていっちゃうんで。

中原　今は逆に、例えばフィルムを上映しても切れることもないし、ノイズは入りにくいですよね。デジタルでは。

阿部　そういうことですね。

中原　それをわざと入れるのは気持ちとしてアリだなと思います。

阿部　2000年代に入ってからデジタル化が進んだ中で、ゴダールとしてもどうやってエラーやノイズを自分の作品に、あんまり意図的な感じじゃなく、ゴツゴツした形で入れていけるかということは、いろいろ苦労したのかなとも思いますね。

佐々木　クリストファー・ノーランとか、ああいうハリウッドのすごい監督がフィルムに回帰する現象が近年ありますよね。その気持ちもわかるけれども、反動的なことでもある。デジタルの時代に、王様になった人たちだけがフィルムに帰れるみたいな。ゴダールはそういう意味では潔い。実際にはたぶんゴダールはもうフィルムで映画を撮ることは予算的にできなかったと思うし。

中原　その潔さはやっぱり尊敬できます。

佐々木　そういうところは格好いいなというか。保守的ではないなと思う。

中原　Netflixで『JACKASS』を観てたら、ゴダールと組むべきだったなと思いましたよ。

一同　（笑）

佐々木　ゴダールが生きてたらネトフリとかで新作を発表してた可能性はあるもんね。

中原　そこに間に合わなかったのか。

阿部　ビデオも早かったですからね。

佐々木　あとはYouTuberみたいになって、自分とミエヴィルの10分ぐらいの動画を投稿する（笑）。

中原　ロバート・フリップじゃないんだから。

佐々木　ロバート・フリップと似てると思う。ゴダールはインタヴューにはまともに答えないし、フリップも若い頃は本当に全部はぐらかしていた。それがもう好々爺になって、若い奥さんと一緒に画面で踊るみたいな。

阿部　出たがりなところがね。

中原　そう考えると、『ワン・プラス・ワン』はストーンズじゃなくてクリムゾンのやつがあってもよかったのか。嫌ですけど。

佐々木　全然絵面的に良くないですけどね（笑）。

中原　『ワン・プラス・ワン』が一番好きかもな。

佐々木　名作ですよ。もうあのタイミングでしか絶対撮れなかったわけだし、そういう意味でもすごい。

阿部　そうなんですよね。そもそもストーンズを撮るはずじゃなかったわけで、たまたまああなったという。嬉々としてクレーンとかも使ってるし。

中原　本編と関係ないとこで使ってるだけで（笑）。

佐々木　そうそう、本編が終わってからただカメラが上がってくっていうね。黒沢清さんの『ドレミファ娘の血は騒ぐ』に大きな影響を与えましたよね。

阿部　ああ、そうか。

フォロワーの不在

中原　『ドレミファ娘』を久々に観てたんですけど、ゴダールが名監督として語られても、やっぱああいう黒沢さんみたいな映画撮る人はいないですよね、今では。

佐々木　黒沢さんも今ではもうあんなの絶対撮らないからね。

中原　それはそうなんだけど。

佐々木　『ドレミファ娘』は俺も最近見直したけどめっちゃ最高ですよね。

阿部　これは俺も見直さなきゃいけない流れだな。

中原　ああいう恥ずかしい映画を――恥ずかしいとか言ったら殺されるな。

佐々木　そもそも元々は『女子大生恥ずかしゼミナール』ってタイトルですからね。

中原　そういうバカな映画を撮って殴られる若者が出てもいいなと思ったんですけど。観たくないけど、そんな映画（笑）。でも前はいっぱいいたわけじゃないですか。

佐々木　みんな真面目になりましたよね。

中原　そういった意味からも、ゴダールの伝記映画を撮る人はいても、ゴダールっぽい映画を撮る人は本当にいなくなった。

佐々木　ゴダールは真似すると本当にただの真似に見えちゃうから、真似しづらいよね。ある意味では真似しやすいんだけど。「ゴダールっぽいもの」はすぐ作れるんだけど、ただ「っぽい」にしかならない。

中原　ブライアン・デ・パルマの戦争映画があったじゃないですか、最近の（『リダクテッド　真実の価値』）。

阿部　はいはい、あれ観てないんだよな。

中原　あれは全然面白くないんですけど、初期のデ・パルマがゴダールの真似をしてた頃の映画にそっくりなんですね。

阿部　そういう意味では観ておきたいな。

佐々木　スタイリッシュな？

中原　スタイリッシュとかそういうことじゃなくて。初期のデ・パルマ観てます？　『ブルー・マンハッタン』とか。

阿部　観ました。

中原　もろにあの感じをまたやってるんですよ。

阿部　それもすごい話ですね。そんな何十年も昔にやったことをもう一回やれるというのが。

中原　それが成功してるどうかよくわからない。ラストは戦争の報道写真を並べて悲壮な音楽を流してるんですけど、最後のカットが映画の中で描かれてる嘘の悲劇なんですよね。そこで「ドジャーン！」ってものすごく盛り上がるテーマが流れるという皮肉なことをやってるんですよ。

阿部　そこはやっぱり、これが作り物に過ぎないということの表れだったのかもしれない。デ・パルマとしても。

中原　それを今思い出しました。そんなアホなことするのはデ・パルマぐらいしか残ってない。

阿部　デ・パルマはデ・パルマでそういう強調の仕方をずっとやってきた人だから。

佐々木　そういう監督ですよね。メリエス型の監督。

ローザンヌ

阿部　こういう追悼企画のような書籍なんかはいろいろ出るようですけど、上映会みたいなのは今後あるんでしょうかね。レトロスペクティヴとか、今後企画されてきそうな気はしますよね。

中原　そもそもあそこの上映は人は入ってるんですか。ちょうど死んだ時期にぶつかりましたけど。

佐々木　Stranger？　俺は行ってないけど、ものすごく音がいいらしいですね。音にこだわったミニシアター。そういうこだわりで設計されているので。結構行ったという話を人にはいっぱい聞くけど。『勝手に逃げろ／人生』とかやったんだっけ。

阿部　そうなんですか！

佐々木　ゴーモンが持ってる映画ばっかり5、6本、スクリーンで観れるのは久しぶりのものをやっていたみたい。あの辺の作品って音のいい映画館で観たらきっとすごくいいじゃないですか。だから観たかったんだけど、全然行けなかった。

阿部　どこにあるんでしたっけ。

中原　菊川？　もうあんまり遠いところまで映画観に行きたくないんですよね。

阿部　最近、ほんとにそういう感じになっちゃいます。非常に怠惰になってしまいます。

佐々木　最近小さい映画館とか小さいスペースがいっぱいできてるんだよね。

阿部　ああそうなんですね。もう全く知らないな。

佐々木　最初にスイスまで行った話を散々しといて、最終的には東京都内でさえ移動できないという。

中原　スイスまで行ったら観たいって気になるかもしれないけどね。ゴダールの家とかも。行ってないですけど。そういえばローザンヌのシネクラブみたいなところ行きました？

阿部　スイスでは行ってないですけど、パリのシネマテーク・フランセーズだったら行きました。

中原　ちょっと話が長くなるんだけど、ローザンヌに行った時にニコラス・レイ特集をやっていて、同じ時期に東京でもやってたけど、東京より作品数が全然多いと聞いて。ローザンヌに着いて「シネマテークはどこなんだ」って聞いたらみんな知らないっていうんですよ。当日になって気付いたのが、自分のイベントをやるのがシネマテークだった（笑）。なんだ、そんな近場じゃねえか！って。でもよく考えたら、自分のイベントをやってるってことは、その間は上映やってないんですよ。でも行ったらすごくて、中に貼ってあるポスターがアラン・タネールとシュミットしかない。
阿部　なるほど、一応ご当地の。
中原　ご当地の映画監督。でも、ゴダールはないんだよね。
阿部　そうか、そうなんだね。
中原　一番びっくりしたのは劇場に入ったら超巨大な『ラ・パロマ』のポスターが貼ってあって。って劇場の中に貼るかな普通。外だったらわかるけど。
阿部　確かに（笑）。
中原　振り返って思い出したのは、『ラ・パロマ』のオープニングのキャバレーのシーンあったでしょう。あそこと造りがそっくりなんですよ。
阿部　そうなんだ！
中原　あんな急斜面なところだった。あそこって映画を見直したらわかるけど、上に映写室みたいなのがあるんだよね。あそこで撮ったんじゃないかな。
阿部　可能性高そうですね。
中原　そういうびっくりスペースだったんですけどね。
佐々木　『ラ・パロマ』の撮影現場だったという。
中原　でも誰に聞いてもわかんないって。
阿部　あの辺には当たり前にそういう聖地がゴロゴロあるわけですよね。
中原　そこしかないだろうけど（笑）いいとこでしたね。
阿部　そういう気付き方するのはちょっと嬉しいですね。
中原　本当かどうかわかんないけどね。でも、ゴダールのポスターは貼ってなかったです。
阿部　それもなんでなのか気になりますね。
中原　シネマテークにもあんまり現れないって話でしたけど。
佐々木　まあ生粋のスイス人ではないからみたいな？
阿部　パスポート2つ持ってる男のあれですかね。
佐々木　しょせん税金対策とかでスイスに住んでるだ

ろみたいな。

阿部　そういう見なされ方をしてるのか。

「ゴダール的な映画」の継承

中原　まあどうでもいい話ですみません。しかし安易に真似する若者がいないってことがいいことか悪いことかわからないけど、それによってゴダールという名前がこれから残るのかっていう不安がよぎりますけどね。

阿部　そこは考えちゃいますね。かなり世界的にも――世界の映画をそんなに観てるわけではないですけども、その作り方がかなり画一的というか、収斂されてきている感じは否めない。そういう意味では形式的な多様性が今後かなり縮小していくような印象はどうしてもありますね。

中原　スタジオの崩壊以前にスタジオで撮る予算がもうないっていう。

阿部　そういうところもいろいろ問題として出てきてるし。いろんな映画作家たちが一斉にマーヴェル批判をして、多様性が大事だと声高に言ってるけど、最後のあがきみたいにも見えなくもない。Netflixとかがあるから、今後はそこでいろんなタイプの映画が撮れるだろうと見られていたら、会員数が激減して首切られてるわけじゃないですか。さらに予算も減っていくだろうから、削られるのはやっぱりあんまりたくさんの人が見るようなものじゃないところかなとも思うし。ゴダールやストローブみたいな映画作りをしてた人たちの作品が途切れてしまうと、その不安はどうしても高まっちゃいますよね。

佐々木　ものすごくお金をかけて、ものすごくお金を儲けられる映画は、今後もマーヴェルとかを中心に作られるだろうし、その中には『ブラックパンサー』とか『エターナルズ』とか、ポリティカル・コレクト的な意味での多様性は入ってきているんだけど、映画の多様性自体はどんどんなくなってる。作られてはいるのかもしれないけど、観られないっていう感じはしますよね。

阿部　ありますね。

佐々木　だからゴダールが日本で盛り上がった時に、それこそ黒沢さんとかあの世代というか、学生映画も含めて「もろゴダール」みたいな映画は、その頃も観ててある種の気恥ずかしさと、自分にも来るような気恥ずかしさと両方あったわけです。そういう映画をてらいもなく青二才が撮れるような環境が、失われて久しいので、そういうゴダールの下手な真似みたいな映画をむしろ観たい気もするけどね。

中原　真似しても、それが真似だとわかんないぐらいひどいとか、そういうのを観たいです。

佐々木　なんじゃこれっていう感じのね。

阿部　例えば映画をもう積極的に撮ろうという野心的な人たちだと、今デジタル時代に入ったことで、模倣しやすくなってる面があるわけじゃないですか。例えば黒沢さんたちが自主制作をやってた頃は、観た時の記憶だけで再現しようとするから、どうしてもやっぱりズレが出てきて、そこから独自の試みが生まれていったと思うんです。デジタル時代になっちゃうと参照もしやすいし、再現も簡単になってきてるから一気に寄せちゃうので、ズレからのクリエイティヴィティみたいなものがなかなか生まれにくいんですよね。そうするとどういうところに見つけていかなきゃいけないかというと、YouTubeとかTikTokとかになっていくのかな。ゴダールとかと関係ないところで、初めて映像というものを作ってみた人が面白いことやってるっていう、そういうところから見つけていくしかないのかなという気はしますね。

中原　なるほどね。あえて携帯のマクロ機能を使って雑木林に接近してほしいですよね。

阿部　それを中原さんがやってくださいよ。

中原　カメラがないんだよ。携帯がないんだよ、もう。

阿部　iPadは?

中原　壊れた。

阿部　え、マジで?

中原　この2ヶ月最大の貧困時が始まってて。映像に移行したいんだけどさ。

佐々木　携帯もiPadもないのにどうやってやるのよ(笑)。

中原　もうゴダールが観てぼろくそ言われる恐れがなくなったから、映画が作れるっていう話にしようかなと思って。北村龍平を引用してたじゃないですか。あの真意を最後に知りたかったですね。

阿部　そういう謎を残している面もあるんだよね。どういう意図でチョイスしてるのかなっていう。『勝手に逃げろ』とかでも獣姦場面を引用するような作家なので、どういう意図かはちょっとわからないんですよね。

中原　うん、結局謎のままですね。最終的には雑木林に戻っていったからね。

阿部　とにかく雑木林が重要な被写体であると。

佐々木　家の近くに雑木林がある人は意外と今後未来があるかもしれない。

阿部　携帯を持って飛び出していくっていうことですか。

佐々木　そこにゴダールの遺伝子があるかもしれない。

中原　危機感はありますね。ゴダール的なものから全部が遠ざかっていく感じが。

阿部　それは確かにあります。

短編の上映を

中原　それにもまして今年（２０２２年）は映画人がやたらと亡くなった年だったな。

阿部　いやですね。本当ね。崔洋一さんまで亡くなってしまって。

中原　青山さんもゴダールと同じ年に死ぬとは思わなかったしね。

佐々木　アラン・タネールも最近死んだんですよね。

阿部　そうなんですよ。

佐々木　アラン・タネールは何かシネヴィヴァンでやった気がする。

中原　『白い町で』はキネカじゃなかったっけ。

佐々木　でしたっけ。ともかくセゾングループでやってましたよ。

阿部　あの辺はセゾングループでやってます。

中原　あ、そうか、今日は三人ともセゾングループなのか。

阿部　そうなんです。セゾン出身者鼎談ですよ。

中原　なんだかなあ。

阿部　ゴダールの日本での上映はセゾングループが支えてたところがちょっとあった。セゾングループとフランス映画社が。

佐々木　そうですよね。後半はフランス映画社ばかりになってたけど。

阿部　小屋はセゾンでっていう感じでしたね。

佐々木　もう新作がないから、どこが配給するとかいうことはなくなったけど、今後、今までの作品をまとまった形で観たいというのはある。

中原　こう言ったらなんだけど、やっぱり初期はフィルムで見直したい。

阿部　それは本当にそうですね。

佐々木　国立映画アーカイブがゴダール追悼でやればいいんだよね。初期の作品をフィルムで絶対持ってるから。

阿部　そういう動きはないのかなと、ちょっと気になってたんですよね。ムックはいろいろ出るけども。

中原　そうですね。昔はそういう特集本もあれば上映もされてたから良かったけど、今上映すらされないような気がしてて。

阿部　配信で観られるからいいだろうっていう感じになってる空気もあるのかもしれないですね。

中原　そうですね。配信は素晴らしいですけどね。否定できない。

阿部　もちろん配信にはお世話になってるんですが、出不精の私も。

中原　でも配信で観れないものが観たくなってきますけどね、やっぱり。

阿部　『新ドイツ零年』ってブルーレイにもなってないんですかね。なんか見当たらないんですけど。

佐々木　DVDにはなってるけど。

阿部　DVD止まりなんですね。あれすごい好きなんですけどね。

佐々木　最近になってちょっとずつゴダールもブルーレイ化してるから、これからブルーレイになってくるものもあるんじゃない。

阿部　『自画像』とかもそうですもんね。『新ドイツ零年』の場合は権利関係なのかなとも思ったんですけど。

佐々木　それもありえなくもない。それをいったら『ゴダールのリア王』はDVDにもなってなくて。なんだっけ。イスラエルの。

阿部　メナハム・ゴーラン。

佐々木　のキャノン・フィルムズで作ったから、金はかかってるけど、ソフトになりにくい。ネットに上がってますけどね、全編。

阿部　観ようと思えば観られるんですよね。

中原　ウディ・アレンが出てくるあれとか。

佐々木　ウディ・アレンに会いに行く映画ありましたね。

阿部　あの辺の短編、たくさんあるんですよね。

佐々木　80年代から90年代って短編を本当にいっぱい撮ってるし、短編にも結構長いのもあったりするから、そういうのを観たいよね。一時期、何本か集めてDVDになったりしてたりしたけど。

中原　そんな話をしてたらゴダールをまとめて観たくなりましたね（笑）。

佐々木　やっぱり（笑）。

阿部　そういうもんなんだよ。

ゴダールはポピュラーなのか

佐々木　でも国立映画アーカイブで、もしゴダールの限りなく全作品に近いぐらいの上映をやりますと言われても、あそこに並ぶのしんどくない？

阿部　そうなんですよ。並ばなきゃいけないのかと思うと、もう行かないんですよね。

佐々木　上映が終わった瞬間に外に走って出て、また次の映画に並ぶみたいな世界。

阿部　またあれをこのいい歳でやらなきゃいけないのかって。もうダメなんですよ。

佐々木　そう思ってると、僕らより10歳以上上の人たちがみんなそれをやってるというね。

阿部　そうそう、恐ろしいことに。

中原　僕もやっている方ですけどね。もうやってないけど。

佐々木　そういう日が来るといいですね（笑）。

中原　フィルムでやってくれるんだったら行きたいんですけど、そんなこと言ってたらダメか。

阿部　三館くらいで同時にやってくれないかな。

中原　そこまでポピュラーな映画じゃないでしょ。
阿部　そうなんだけど（笑）。
中原　でもポピュラーなんだかポピュラーじゃないんだかわかんないところがありましたよね。
阿部　知名度でいったらめちゃくちゃ高いわけで。けれども、やっぱりそんなにたくさん見られているかってそうでもないという不思議な監督。
中原　『イメージの本』だって死んだから今配信で出てるようなもんでしょ。
阿部　あ、『イメージの本』も配信出てるんですね。やっぱり60年代のものが一番見られてるし、一番見やすい状況ではあるんですよね。それが不思議で。本当は昔のものの方が見みられないことの方が多いはずなのに、むしろ新しいものの方が見ることが大変みたいな。
佐々木　60年代が突出して有名で、かつヒットも日本でもしているから。
阿部　ポップなんでしょうね。若者受けもいい。
佐々木　あとはアンナ・カリーナというアイコンがある。
阿部　そういう受け止め方ですね。
佐々木　それが圧倒的だよね。週刊誌でちょっとだけゴダール追悼みたいなので、電話がかかってきたんですけど、1ページのグラビア記事で思いっきりアンナ・カリーナとゴダールの写真（笑）。今、まだこれなんだっていう。

ゴダールと政治

阿部　かと思うと宮台さんがえらい目に遭ったりしてるし。ほら、先日のあの映画の上映。
佐々木　『REVOLUTION+1』
阿部　それとのつながりもあるのかみたいな話も出てますが。話を無理やりつなげると、ゴダールもいろんな事実、事件にダイレクトに反応して映画作りをしてきた政治的な面もある作家なので。
佐々木　コソボとかね。
阿部　パレスチナ問題についてもそうですし。わりと早いというか。そういう意味も含めて、機材好きというのも含めて、ミーハーと言うと言い過ぎかもしれませんが、そういうところに反応したがる作家ではあった。

佐々木　トレンドセッターではあったというか。その反応の仕方自体が、そんなに適切な感じにならないところがいいんですけどね。

阿部　そうなんですよね。それを逆張りという人もいるのかもしれませんけど、単なるわかりやすい逆張りという態度でもない。何か複雑なものを感じさせるというか、いろいろと自己批判につながるようなことまで言及しているから、一色には収斂されない感じはありましたよね。

佐々木　ふざけてるというか、ひねくれてるだけかと思いきや、意外とガチでマジなのかなと思えるところが急に出てきたりとか。例えば『ソシアリスム』の終わり方も、なんかエモいなと思っちゃうけど、エモいと思う方がもしかすると騙されてるのかもしれない。本当にどっちかわからない感じがずっとあった。自分で死を選んだっていうのも、ある種の悲壮さと、ある種のやっぱりずっとそういうことをやってたんだなみたいな、滑稽とは言わないまでも矛盾に満ちた感じは最後まであった。マジなのかネタなのかわかんないっていう。

阿部　矛盾をそのまま残すというか、二律背反性みたいなものをずっと追求してきた。それを維持してきたので、単純な一つの答えに収まらないところで、創作をしてきたんだなと、そこが違うのかもしれないなと思いますね。

中原　史上初の格好いい自殺ですね。何か敗北して自殺するのとは全然違う。

佐々木　本当に攻めた自殺の仕方。それは、らしいなと思いますよね。闘病の結果やむなく亡くなりましたじゃないわけだから。その前に自分で手を打ったということではあるんで。

阿部　悲劇性が全くない感じなんですよね。

佐々木　政治的なというかメッセージ的なことも、わざとじゃないのかもしれないけど、結局わかりやすく単一的なメッセージに収斂しないように、結果としてなってる。ジガ・ヴェルトフ集団の時期の映画を全部見直したことがあるんだけど、今見るとマジで何も言ってないみたいな（笑）。『中国女』なんて完全に当時の毛沢東思想に騙されたフランスの知識人のダメさが刻印されてるような映画だと思うんだけど、それがああいう映画になってるところが面白い。

阿部　安易に飛びついて何かを語ってしまうことそのものが結果的に批判されているような仕組みになるんですよね。多分ゴダール自身もそうなんだけども。あのゴダールがそれを映画として作り直すことによって、結果的にその行為、振る舞いそのものも批判されてしまう。だから最終的に何も言ってないとこに行き着いてしまうということなんだろうなと思いますね。

佐々木　何を思っても映画を作ることに結びつける形であれだけたくさんの映画を作った人だと思う。晩年はそれまでのようにはコンスタントに映画が撮れていなくて、それはおそらくお金の問題か、体調もあったのかもしれないけど、フィルモグラフィを見ると最後の20年くらいはどんどん間が空いてくるんだよね。本人はもっとバンバン撮りたいタイプの人だったと思うので、そのためにスタッフもスリムにして、最終的にはファブリス・アラーニョがカメラもマイクも全部やるみたいなところに行ったわけじゃないですか。そういう意味では結構無念だったのかもしれないっていうか。もっと撮りたかったろうなっていう。

同性代の作家たち

阿部　とはいえ70過ぎてまだ新作が発表されても、発表された時点ですでに次の企画の情報が入ってて、びっくりしてたんですね。ゴダールに関しては。他にそういう人はなかなかないと思うので。今だとスコセッシが少しそんなタイプかもしれませんが。常に何か撮りたいものはあったし、やろうと動いていたことは間違いないんでしょうね。

佐々木　結果として『イメージの本』みたいな、実質自分で撮った画面はほぼないというところまで行ってるんだけど。それでもやっぱりあれ作るのって手間暇はかかってるだろうし、まぎれもないゴダールの映画になっている。同い年グループでいうと、フレデリック・ワイズマンが3本目の劇映画を撮ったらしいですね。

阿部　劇映画なんですか、次?

佐々木　らしいですね。コロナでドキュメンタリー映画が難しくなったので、逆に劇映画を撮れるよと。まあ面白いかどうか分かんないけど。あとはイーストウッドみたいな人もいる。

中原　謎ですね。あれだけ元気なのが本当に。

阿部　案外いますね(笑)。ワイズマンもイーストウッドも。

佐々木　全員同い年。イーストウッドは『ダーティー・ハリー6』を撮るといいですよね。『クライ・マッチョ』もやったんだから、ダーティー・ハリーもできるんじゃないのかな。

中原　銃を撃たないハリー。

佐々木　ダーティー・ハリーが90歳ぐらいになって、最後の事件に挑むみたいな。

中原　刑事じゃないでしょ。90じゃ。

阿部　探偵として(笑)。

佐々木　ただの老人として(笑)。

阿部　ハリーが謎解きとか、もっとも似合わない(笑)。

佐々木　ダーティーでも何でもない(笑)。それは見たいなと。

中原　替わりに銃を撃つ人が出てくればいいんじゃないですか。

阿部　まあ、きっと出てくるでしょうね。

佐々木　孫が刑事になってるみたいな設定で。

中原　ますますイーストウッドが気になりますね。ワイズマンもだし。

佐々木　やっぱり90代の人って元気なんだな。ゴダールも自分で死ぬことを選ばなかったら、もう1本か2本ぐらい行ったかもしれないし。もちろんそれは「If」の話になりますが。

阿部　オリベイラみたいな人もいたわけだし。

佐々木　オリベイラはさらに10歳以上上だったわけだし。

中原　オリベイラは90の時に見てますけどね。日本に来た時に見たじゃないですか。背筋がちゃんとして。

阿部　そうなんだよ、トイレで並んだんですよ。めちゃくちゃシャンとしてて、すごいなと思った。

佐々木　90で来日すること自体がすごいもんね。

中原　年齢詐称かと思いましたね。

阿部　そんなこと詐称してもしょうがない（笑）。
中原　だって20年代生まれの人ってもうほぼいないじゃないですか。
阿部　いないでしょうね。まあ、活動という点ではね。
佐々木　スコセッシとかだって相当なトシでしょ。リドリー・スコットだって。
中原　リドリー・スコットは結構高齢ですよ。
佐々木　だよね。でも新作バンバン撮ってるじゃん。
中原　なんであんなに撮ってるんだか。面白くない映画ばっかり。
佐々木　巨匠が意外と元気。
阿部　そういえばコッポラが私財を投げうって大作を撮ってるという話がありますね。
佐々木　それは熱い話だ。
阿部　マーヴェルとかものすごい批判して、「こっちじゃ！」みたいな。
中原　こっちじゃ（笑）。
阿部　オールスターキャストで撮ってるという。もう完成したのかな。自宅を抵当に入れたり、懐かしい作り方でやったみたいです。
佐々木　『地獄の黙示録』方式で。
阿部　わりとそれに近い。
中原　それじゃ完成しないでしょ（笑）。
佐々木　そういう誇大妄想的な監督って、ノーランもある意味ではそうかもしれないけど、やりたいことはできちゃうじゃないですか。お金を生むから。
阿部　ノーランが規模をでかくしても、どうしてもちっちゃくしか見えないという問題があって。
中原　ヘルツォークみたいな人がドキュメンタリーしか撮らなくなったし。
佐々木　面白いけどね、ドキュメンタリー。このヌーヴェル・ヴァーグ世代がほぼみんな亡くなったということで、今度はその下の世代の人たちがこれから老境を迎えて、一人ひとりまた亡くなっていくと考えると、なかなか寂しいものがありますけどね。
中原　このまま映画がこじんまりしたもので終わっていくんですかね。いつ終わるのか知らないですけど。
佐々木　本当に大きい映画というものの多様性もないから。どんどんマーヴェルに吸い込まれていくというか。マーヴェル自体は面白いんだけど。僕は最近しょっちゅう濱口竜介はマーヴェルを撮るべきだっていう話をしてて。呼ばれかねないよねって。そういう観客を呼びたがる感じもあるし。

阿部　『エターナルズ』のクロエ・ジャオみたいに。

佐々木　それをやりかねないし、実際にそういう話があったら、濱口くんは受けると思う。だからそういう方向はいろいろあるんだけど、お金をかけられない人たちがどうするのか。コッポラの話じゃないけど、それでも映画を撮り続けたいみたいなのはすごいと思うけども大変だし、日本でちゃんと観られるかどうかさえ分かんない。しかもNetflixの会員も減ってるとなったら、お先真っ暗な気持ちになってくる（笑）。

中原　まあNetflix面白いですけどね。たまに観ると。ほとんど殺人ドキュメンタリーばっかだっていう気もしますけど。

佐々木　ゴダールYouTubeチャンネルとか観たかった。なんか家からトランプについて批判するとか。

中原　歌は歌わないんですか。

佐々木　「イーロン・マスクがさあ」とか言うゴダールを観たかった。

阿部　YouTubeでインタヴューみたいなの流れませんでしたっけ。

佐々木　Instagramでやってた。

阿部　インスタライブだ。

佐々木　インスタライブが人前に出てきた最後なんじゃないかと言われてますね。

阿部　やっぱりああいうのにも積極的だったんですよね。

佐々木　『イメージの本』の記者会見の時もiPhoneで。

阿部　嬉しそうにiPhoneを使いまくってたという。

佐々木　ずっとそうだもんね。カメラとかも新しいカメラどんどん使っていって。ちょうど映画を巡るテクノロジーの進化とうまく世代的にシンクロしながら生きた人だという感じはしますよね。３Ｄまで行ったけど、３Ｄは今後の映画の基本フォーマットにはならないと思うから、このままもし生きていたらYouTubeとかNetflixとかはあるけど、まあＶＲかなと。ＶＲをゴダールが撮ってくれたらそれはそれで観たかった。

中原　でも、フレームのない映像表現に映画作家が向かうかなという。

阿部　そこは非常に考えさせられます。そこに行くか行かないかで、かなり分かれると思うんですよね。フレームってある種映画の最後の砦みたいなところがある思うので。

佐々木　なるほど。アピチャッポンは完全にVRの作品がもう2本あるけど。

阿部　そうなんですか。

佐々木　今、彼はそういうフレームという考え方がないんでしょうね。それはすごくわかる気もする

阿部　なるほどね。

中原　撮ってみたい気持ちはわかります。

佐々木　もう映画とは違うんだろうけど。映画のスペクタクル性みたいな部分が次に行ける場所はVRしかないんじゃないのかなという気もするんですね。実際そういうものも、スピンアウト的なものとしてはもういっぱい企画されてるだろうし。

中原　映画にスペクタル性が求められてないような気もしますけどね。もはや。

阿部　二極化するんじゃないですか、いつも通り。マーヴェルなどの特撮とかふんだんに使うようなものはVRとかでより体験型になっていく。同時に従来の映画作りもすごく小さい制作規模で続けていく方向。そうなって進んでいくんじゃないかという気がしますね。

中原　いや、映画が小さくなってくるのは楽しみですけどね。もっと貧乏臭くなって、雑木林しか出てこない。

阿部　そこの方向性は多分追求されるんでしょう。

中原　もはや俳優も出てこなくて、植木鉢どうしでしゃべってるとか。

阿部　それはそれでピクサーみたいじゃないですか。

中原　『田紳有楽』って言おうと思ったんだけど（笑）。

阿部　というところですかね。映画の未来含めて話が及んだところで。

COLUMN

ヌーヴェル・ヴァーグ後のゴダールをめぐる人物たち

渡邉大輔

1960年代後半以降、ジャン＝リュック・ゴダールはヌーヴェル・ヴァーグの人間関係を離脱し、次なる創作のステージへと入っていく。ここでは、ヌーヴェル・ヴァーグ後の約半世紀に及ぶゴダールの創作と深く協働した主要な人物たちについて、ゴダールとの関わり以外の部分を含めて、簡単にプロフィールをまとめておきたい。

まず、パリ五月革命に前後して当時流行の毛沢東主義に影響を受けたゴダールが、商業主義的な映画製作システムを打破する左翼的政治映画の製作に乗り出した時期を代表する創作上の同志が、ジャン＝ピエール・ゴラン（1943年生まれ）である。すでに知られるように、ゴランとゴダールは、『中国女』（67）制作中に出会い、69年に匿名的・戦闘的な映画制作グループ「ジガ・ヴェルトフ集団」を結成。『東風』（70）、『イタリアにおける闘争』（70）、『万事快調』（72）などを製作した後、『ジェーンへの手紙』（72）を最後に、

72年に事実上、瓦解した。ゴダールと出会う以前のゴランは、ルイ・ル・グラン高校の準備学級で、後にジャック・ラカンの娘婿となるジャック＝アラン・ミレールと同級だったり、『ルモンド』で記事を執筆したりしていた。ゴダールとの訣別後は、カリフォルニア大学サンディエゴ校で教鞭を執る傍ら、映画監督として作品製作を続け、『ポトとカベンゴ』（78）などを発表している。

また、１９７０年代初頭からゴダールの死まで、とりわけゴランと訣別する73年頃から商業映画に復帰する頃までのいわゆる「ソニマージュ」時代でゴダールとの重要な共同作業を行ったばかりか、何よりも公私にわたるパートナーでもあり続けたアンヌ＝マリー・ミエヴィル（１９４５年生まれ）の存在にも触れぬわけにはいかない。73年末にゴダールとアトリエ〈ソニマージュ〉を設立し、『ヒア&ゼア　こことよそ』（76）の共同監督を皮切りに２０００年代まで、ゴダールとの共同監督、あるいは脚本・編集・美術などで後期ゴダールの重要作の数々を支え続けた。

スイス・ローザンヌ生まれのミエヴィルは、60年代にパリに移り住み、短期間、歌手をやっており、ゴダールと出会った時点では、娘が産まれたことを機に転身した写真家であった。その後、ゴダールとの共同作業を経て、83年には短編『ハウ・キャン・アイ・ラヴ』で初の単独監督を務める。88年には初の単独長編監督『私の愛するテーマ』でカンヌ国際映画祭ユース賞を受賞。映画監督としても『ルーはノンと言わなかった』(94)、『そして愛に至る』(2000)など、近年までコンスタントに作品を発表していた。

商業映画復帰後のいわゆる後期作品群では、フランス人録音技師のフランソワ・ミュジー(1955年生まれ)とのコラボレーションも言及されることが多い。『パッション』(82)から『ゴダール・ソシアリスム』(2010)まで30年近くにわたり、後期ゴダール作品のスタッフのうち、最も多くクレジットされた人物の一人だと言えるが、音響スタッフとしての彼の貢献は、何と言っても、「ソニマージュ」と呼ばれる、80年代にゴダールが試みた映像と音響をラディカルに競合させる実践に欠かせない役割を果したことだろう。『カルメンという名の女』(83)では、ヴェネチア国際映画祭で撮影監督のラウール・クタールとともに「映像と音響の技術的価値に対する特別賞」を受賞している。ゴダール以外の作品では、グザヴィエ・ジャノリ監督の『Quand j'étais chanteur』(2006)と『偉大なるマルグリット』(2015)でそれぞれセザール賞の録音賞を受賞している。さらに、後期のゴダールでは、他ならぬ『勝手に逃げろ/人生』(80)でゴダールを商業映画界に復帰させて以降、『アワーミュージック』(2004)までゴダール作品の製作を務めたフランス映画界の辣腕プロデューサー、アラン・サルド(1952年生まれ)の存在も重要だろう。

そして晩年のゴダールを製作と創造の両面でサポートしたのが、ファブリス・アラーニョ（1970年生まれ）だ。『アワーミュージック』の演出助手としてゴダール作品に関わり始め、『ゴダール・ソシアリスム』から『さらば、愛の言葉よ』（2014）を経て実質的な遺作『イメージの本』（2018）まで、プロデューサー、カメラマン、編集と幅広いポジションを担当した。アラーニョはスイス・ヌーシャテル生まれ。ローザンヌ美術大学を卒業後、自らも監督として、いくつかの短編映画やドキュメンタリーを発表している。80年代にビデオという新たなツールを手にし、さらに2000年代以降は本格的にデジタルビデオカメラを用い出すなど、最晩年まで同時代の先端的なツールと対峙し続けたゴダールだが、その志向に若いアラーニョが与えた影響も大きかっただろう。実際、立体視を絶えず撹乱する特異な3D映画『さらば、愛の言葉よ』の映像に彼がもたらした貢献は無視できないものがある。また、最晩年のゴダールは、他の映画作家と同様、デジタル技術の浸透とも不可分な、「映画作家のインスタレーションへの進出」という昨今の流行にも加わっていたが、そのゴダールの最後の「作品」となった2020年の『イメージの本』をもとにした展覧会「感情、表徴、情念――ゴダールの『イメージの本』について」（2020／2022）は、ゴダールの協力を得てアラーニョがキュレーションしたものだった。

ゴダールの〈仲間〉たち

上條葉月

ゴダールの影響を受けた映画人は数えきれないはずだ。しかし中でもことに60年代に世界各国で同時代的に起こった「新しい波」の監督たちは、影響を受けたというより同時多発的である面も大きく、互いに導かれるようにつながっている。

60年代半ばまでのゴダール作品では『軽蔑』(63)にラング、『気狂いピエロ』(65)にフラーという敬愛するハリウッドの監督や、『恋人のいる時間』(64)にヌーヴェル・ヴァーグを牽引する存在となった批評家ロジェ・レーナルトなどが出演しているが、ジガ・ヴェルトフ集団の作品においては同時代に前衛として現れた海外の映画作家たちが出演していることが目につく。

例えば『東風』(69)において出演したグラウベル・ローシャはシネマ・ノーヴォの旗手の一人として宗教や社会格差を批判した『黒い神と白い悪魔』(64)や政治闘争を描いた『狂乱の大地』(67)など、強烈な政治的映画を制作している。『東風』と同年の『アントニオ・ダス・モルテス』は『東風』同様西部劇をモチーフとしつつ、土着的な神秘主義的寓話を描いた作品だ。

ところでブラジルでシネマ・ノーヴォから少し遅れて起こった運動、マージナル・シネマの代表的作家アンドレア・トナッキなどもゴダールと親和性がある監督に思える。彼らの運動は政治的である以上に、文化・芸術的なカウンターカルチャーとしてよりアンダーグラウンドで「オルタナティヴなシネマ」を追求していくものだった。トナッキは68年に階級の異なる3人を描いた政治映画『Blablablá』を撮っているが、ゴダールとの親和性は政治の季節という同時代性にとどまらない。ノワールの文法を解体し、ジャンルの約束事を破っていく『Bang Bang』(71)は、ゴダールの『気狂いピエロ』や『はなればなれに』を彷彿とさせる。

また『東風』にはイタリアの奇才マルコ・フェレーリも出演している。映画によるジャーナリズム運動に携わるなどネオレアリスモから出発しつつ、現代資本主義や社会構造を退廃的、寓話的な形で批判することを得意とした監督だ。本作への出演はアンヌ・ヴィアゼムスキーが監督作『人間の種子』(69)に出演したことが大きいだろう。後の『白人女に手を出すな』(74)はパリの工事現場を舞台にリトルビッグホーンの戦いを描くという西部劇のパロディであり、少なからず『東風』の影響を感じる。

『プラウダ(真実)』(69)には『ひなぎく』(66)で知られるチェコ・ヌーヴェルヴァーグの代表的監督ヴェラ・ヒティロヴァが出演している。初期作品『一袋分の蚤』(62)で即興演出を用いるなど、仏ヌーヴェル・ヴァーグと同時代的な監督だ。こうした共に「新しい映画」を切り開いた、同志的な監督たちだからこそ、作家ではなく〝集団〟で制作するジガ・ヴェルトフ集団の名の下に集ったのだろう。

ゴダール、パゾリーニと並ぶ三大奇才と名高い旧ユーゴスラビアのドゥシャン・マカヴェイエフは、ゴダールから多くの影響を受けたと言われている。１９５５年の短編『Pecat』でもサイレントの手法を用いて自国の管理社会批判を行い独自のセンスを発揮しているが、長編デビュー作『人間は鳥ではない』（65）では実際の工場労働者たちの労働の様子やサーカス小屋を生々しく描き出すなどドキュメンタリータッチな映像を挟むという手法を用いている。のちの『ＷＲ：オルガニズムの神秘』（71）や『スウィート・ムービー』（74）などでは性をテーマに過激で独創的な作風を追求した。ゴダール『男性・女性』（66）では「マルクスとコカコーラの子どもたち」の節が有名だが、彼は後に『コカコーラ・キッド』（85）という作品も制作している。

また反体制的な作家性がポーランド国内で物議を醸していたイエジー・スコリモフスキを、ゴダールは「君と僕は世界一優秀な映画監督だ」と励ました。『男性・女性』の撮影監督や俳優ジャン＝ピエール・レオーとカトリーヌ＝イザベル・デュポールを起用した『出発』（67）は、ブリュッセルの街をスポーツカーで疾走する若者を描いたヌーヴェル・ヴァーグの雰囲気が漂う作品だが、初めての海外製作であり、彼自身にとっての新たな「出発」でもあった。

60年代ＮＹにおいては、アンダーグラウンドの実験映画、あるいはカサヴェテスのようなインディペンデ

COLUMN

ントの映画作りが盛んだったが、ブライアン・デ・パルマはメイスルズ兄弟やウォーホルからの影響と同時に、「アメリカのゴダールになれたら」と語っていた時期もある。実際、ケネディ暗殺やベトナム戦争といった政治問題を題材とした『ロバート・デ・ニーロのブルーマンハッタン2・黄昏のニューヨーク』(68)や『ブルーマンハッタン1・哀愁の摩天楼』(70)のような初期作では、ジャンプカット編集、画面上の文字の使い方、映像内映像、さらには本を読むデ・ニーロのカット!など、スタイル上の直接的な影響を感じさせる。

ピーター・エマニュエル・ゴールドマンはゴダールが才能を評価し、実際に支援したアメリカ人映画監督だ。長編初監督作『沈黙のこだま』(64)を観たゴダールは、彼を映画製作のためにフランスへと招致した(彼はピエール・クレマンティと共に『灰の車輪』(68)をパリで撮影する)。ゴールドマン自身もゴダールのことは映画作家として大変尊敬していたというが、ユダヤ人である彼はシオニズム運動に傾倒してゆき、イスラエル/パレスチナをめぐる問題においてゴダールと全く反対の立場に立っていくこととなった。

脈絡なく紹介する形となったが、この字数では到底語ることなど不可能なほど、現代映画はゴダール抜きに語れない。一方で、そのスタイルに追従できた作家などいないということが、唯一無二の作家であることの何よりの証なのかもしれない。なお、ヌーヴェル・ヴァーグと同時代的な新しい映画の波の関係については『紀伊國屋映画叢書 ヌーヴェル・ヴァーグの時代』の「世界の〝新たな波〟、あるいはその余波」で遠山純生氏が詳しく論じているので、そちらを是非。

ジャン＝リュック・ゴダール　監督作品リスト

※このリストでは、長編は『』で、短編・中編は「」で括り、原則として公開年を付した（配列は制作順）。

1950年代

「**コンクリート作戦**」*Opération "béton"*（58）※54年制作

「**コケティッシュな女**」*Une femme coquette*（55）

「**男の子はみなパトリックって名前なのね**」*Charlotte et Véronique, ou Tous les garçons s'appellent Patrick*（59）※57年制作

「**シャルロットとジュール**」*Charlotte et son Jules*（61）※58年制作

「**水の話**」*Une histoire d'eau*（61）※フランソワ・トリュフォーとの共同監督。58年制作

『**勝手にしやがれ**』*À bout de souffle*（60）

1960年代

『**小さな兵隊**』*Le Petit soldat*（63）※60年制作。検閲により63年まで上映禁止

『**女は女である**』*Une femme est une femme*（61）

「**怠惰の罪**」*La Paresse*（62）※『新・七つの大罪』*Les Sept péchés capitaux* の1編

『**女と男のいる舗道**』*Vivre sa vie: Film en douze tableaux*（62）

「**新世界**」*Il Nuovo mondo*（63）※『ロゴパグ』*Ro.Go.Pa.G.* の1編

『**カラビニエ**』*Les Carabiniers*（63）

『**軽蔑**』*Le Mépris*（63）

『**はなればなれに**』*Bande à part*（64）

「**立派な詐欺師**」*Le Grand escroc*（64）※『世界詐欺物語』*Les plus belles escroqueries du monde* の1編

『**恋人のいる時間**』*Une femme mariée: Fragments d'un film tourné en 1964*（64）

「**モンパルナスとルヴァロワ**」*Montparnasse-Levallois*（65）※『パリところどころ』*Paris vu par...* の1編

『**アルファヴィル**』*Alphaville, une étrange aventure de Lemmy Caution*（65）

『**気狂いピエロ**』*Pierrot le fou*（65）

『男性・女性』 *Masculin féminin: 15 faits précis*（66）

『メイド・イン・USA』 *Made in USA*（66）

『彼女について私が知っている二、三の事柄』 *Deux ou trois choses que je sais d'elle*（66）

「未来展望」 *Anticipation, ou l'amour en l'an 2000*（67）※『愛すべき女・女たち』*Le Plus vieux métier du monde* の1編

『中国女』 *La Chinoise*（67）

「カメラ・アイ」 *Caméra-œil*（67）※『ベトナムから遠く離れて』*Loin du Vietnam* の1編

「放蕩息子たちの出発と帰還」 *L'Amore*（70）※67年制作。『愛と怒り』*Amore e rabbia* の1編

『ウイークエンド』 *Week-end*（67）

『たのしい知識』 *Le Gai savoir*（69）

「シネトラクト」 *Ciné-tracts*（68）※五月革命の最中から直後に撮られた、16ミリ、白黒、サイレント、編集なしの匿名のフッテージを指す。ゴダールによるものは15本ほど現存

『ありきたりの映画』 *Un film comme les autres*（68）

『ワン・プラス・ワン』 *One Plus One*（68）

『ワン・アメリカン・ムービー』 *One A.M.*（72）※D・A・ペネベイカーとの共同監督。68年に撮影されるもゴダールは編集段階で企画を放棄、72年にペネベイカー監督により『1PM』として完成、公開

『ブリティッシュ・サウンズ』 *British Sounds*（69）※「ジガ・ヴェルトフ集団」名義

『プラウダ』 *Pravda*（70）※「ジガ・ヴェルトフ集団」名義

『東風』 *Le Vent d'est*（70）※「ジガ・ヴェルトフ集団」名義

1970年代

『イタリアにおける闘争』 *Lotte in Italia*（71）※「ジガ・ヴェルトフ集団」名義

『勝利まで』 *Jusqu'à la victoire* ※「ジガ・ヴェルトフ集団」名義。70年に撮影されるも未完。後に『ヒア&ゼア・こことよそ』に素材を使用

『ウラジミールとローザ』 *Vladimir et Rosa*（71）※「ジガ・ヴェルトフ集団」名義

「シック」 *Schick*（71）※アフターシェーブローションのコマーシャル

『万事快調』 *Tout va bien*（72）※ジャン＝ピエール・ゴランとの共同監督

「ジェーンへの手紙」 *Letter to Jane*（72）※ゴランとの共同監督

『ヒア&ゼア・こことよそ』 *Ici et ailleurs*（76）※アンヌ＝マリー・ミエヴィルとの共同監督。70年撮影の『勝利まで』のフッテージを使用

『パート2』*Numéro deux*（75）

『うまくいってる?』*Comment ça va?*（76）※ミエヴィルとの共同監督

『6×2』*Six fois deux (sur et sous la communication)*（76）※ミエヴィルとの共同監督によるテレビ映画シリーズ

「夢を見ないで」*Faut pas rêver*（77）※パトリック・ジュヴェの楽曲のクリップ

『二人の子供フランス漫遊記』*France/tour/détour/deux/enfants*（79）※ミエヴィルとの共同監督によるテレビ映画シリーズ

「『勝手に逃げろ／人生』のシナリオ」*Scénario de 'Sauve qui peut (la vie)'*（79）

『勝手に逃げろ／人生』*Sauve qui peut (la vie)*（80）

1980年代

「雑役女中」*Une bonne à tout faire*（81）※コッポラのスタジオ「ゾーエトロープ」で撮った断片的な映像

「フレディ・ビュアシュへの手紙」*Lettre à Freddy Buache*（81）

『パッション』*Passion*（82）

「『パッション』のためのシナリオ」*Scénario du film 'Passion'*（82）

「映像を変えること」*Changer d'image*（82）※『様々な理由による変化』*Changement à plus d'un titre* の一編

『カルメンという名の女』*Prénom Carmen*（83）

「映画『こんにちは、マリア』のためのささやかな覚書」*Petites notes à propos du film 'Je vous salue, Marie'*（83）

『こんにちは、マリア』*Je vous salue, Marie*（85）※ミエヴィル監督による『マリアの本』との併映で『ゴダールのマリア』として公開

『ゴダールの探偵』*Détective*（85）

「BBNY」*BBNY*（85）※レナウンの婦人服のコマーシャル

「ソフト&ハード」*Soft and Hard*（86）※ミエヴィルとの共同監督

『映画というささやかな商売の栄華と衰退』*Grandeur et décadence d'un petit commerce de cinéma*（86）※テレビ映画

「ウディ・アレン会見」*Meetin' WA*（86）

「アルミード」*Armide*（87）※『アリア』*Aria* の一編

『右側に気をつけろ』*Soigne ta droite*（87）

『ゴダールのリア王』*King Lear*（87）

「クローズド」*Closed*（87－88）※マリテ＋フランソワ・ジルボーのコマーシャル連作

「全員が練り歩いた」*On s'est tous défilé*（88）

「言葉の力」*Puissance de la parole*（88）

「最後の言葉」*Le Dernier mot*（88）※『パリ・ストーリー』

Les Français vus par… の1編

「**ダルティ報告**」*Le Rapport Darty*（89）※ミエヴィルとの共同監督

1990年代

『**ヌーヴェルヴァーグ**』*Nouvelle vague*（90）

「**メタモルフォジーン**」*Metamorphojean*（90）※マリテ＋フランソワ・ジルボーのコマーシャル連作

「**プエ・ルラ**」*Pue Lulla*（90）※ナイキのコマーシャル

「**芸術の幼年期**」*L'enfance de l'art*（91）※ミエヴィルとの共同監督。『子どもたちはどうしているか』*Comment vont les enfants* の1編

『**新ドイツ零年**』*Allemagne 90 neuf zéro*（91）

「**トマ・ヴァンガイのために**」*Pour Thomas Wainggai*（91）※ミエヴィルとの共同監督。『忘却に抗って』*Contre l'oubli* の1編

「**パリジェンヌ・ピープル**」*Parisienne People*（92）※ミエヴィルとの共同監督による煙草のコマーシャル

『**ゴダールの決別**』*Hélas pour moi*（93）

『**子供たちはロシア風に遊ぶ**』*Les Enfants jouent à la Russie*（93）※テレビ映画

「**たたえられよ、サラエヴォ**」*Je vous salue, Sarajevo*（93）

『**JLG／自画像**』*JLG/JLG: Autoportrait de décembre*（95）

『**フランス映画の2×50年**』*Deux fois cinquante ans de cinéma français*（95）※ミエヴィルとの共同監督

「**現世の欠点**」*Le monde comme il ne va pas*（96）※テレビ用短編

「**希望／ミクロコスモス**」*Espoir/Microcosmos*（96）※テレビ用短編

『**フォーエヴァー・モーツアルト**』*For Ever Mozart*（96）

「**TNSへのお別れ**」*Adieu au TNS*（96）

「**プリュ・オー！**」*Plus Oh!*（96）※フランス・ギャルのミュージック・ビデオ

『**ゴダールの映画史**』*Histoire(s) du cinéma*（98）※88年から98年にかけて制作され断続的に発表された全8章からなるヴィデオ連作

「**古い場所**」*The Old Place: Small Notes Regarding the Arts at Fall of 20th century*（98）※ミエヴィルとの共同監督

2000年代

「**二十一世紀の起源**」*L'Origine du XXIème siècle*（00）

『**愛の世紀**』*Éloge de l'amour*（01）

『映画史特別編 選ばれた瞬間』 *Moments choisis des Histoire(s) du cinéma*（01）※『映画史』を劇場公開用に再編集した短縮版

「時間の闇の中で」 *Dans le noir du temps*（02）※『10ミニッツ・オールダー イデアの森』*Ten Minutes Older: The Cello* の一編

「自由と祖国」 *Liberté et patrie*（02）※ミエヴィルとの共同監督

『アワーミュージック』 *Notre musique*（04）

「ルフュズニックたちへの祈り（1）」 *Prière pour refuzniks (1)*（04）

「ルフュズニックたちへの祈り（2）」 *Prière pour refuzniks (2)*（04）

「真の偽造パスポート」 *Vrai faux passeport*（06）

「アマチュアのルポルタージュ（展覧会のマケット）」 *Reportage amateur (maquette expo)*（06）※ミエヴィルとの共同監督

「あるカタストロフ」 *Une catastrophe*（08）※ウィーン国際映画祭のための予告編

2010年代

「エリック・ロメールへのオマージュ」 *Hommage à Éric Rohmer*（10）

『ゴダール・ソシアリスム』 *Film socialisme*（10）

「三つの災厄」 *Les Trois désastres*（13）※『3×3D』*3x3D* の一編

「カーン・カンヌ」 *Khan Khanne*（14）※カンヌ国際映画祭へのフィルムレター

『さらば、愛の言葉よ』 *Adieu au Langage*（14）

「溜息橋」 *Le Pont des soupirs*（14）※『サラエヴォの橋』*Les Ponts de Sarajevo* の一編

「スイス映画名誉賞へのお礼」 *Remerciements de Jean-Luc Godard à son Prix d'honneur du cinéma suisse*（15）

『イメージの本』 *Le Livre d'image*（18）

「第22回イフラヴァ国際ドキュメンタリー映画祭のスポット」 *Spot of the 22nd Ji.hlava IDFF* ※チェコの映画祭のための広告

プロフィール

浅田彰
京都芸術大学（旧：京都造形芸術大学）大学院長。美術、建築、音楽、舞踊、映画、文学ほか多種多様な分野において批評活動を展開。著書に『構造と力』『逃走論』『ヘルメスの音楽』『映画の世紀末』『20世紀文化の臨界』など。

阿部和重
「アメリカの夜」で群像新人文学賞を受賞しデビュー。『グランド・フィナーレ』で芥川賞、『ピストルズ』で谷崎賞等受賞歴多数。『オーガ(ニ)ズム』『ブラック・チェンバー・ミュージック』『Ultimate Edition』

上條葉月
不定期に上映企画を主宰、ZINE「Édition COUCHON」を発行。ハトが好きです。

菊地成孔
東京ジャズシーンのミュージシャンとして活動／思想の軸足をジャズミュージックに置きながらも、極度にジャンル超越的な活動を展開。音楽、映画、服飾、食文化、格闘技など、その対象は多岐に渡る。

児玉美月
『文學界』『群像』『ユリイカ』『文藝』など多数寄稿。2022年にはレインボーマリッジ・フィルムフェスティバル審査員、高校生のためのeiga worldcup2022審査員、早稲田映画まつり審査員を務める。共著に『反＝恋愛映画論』『「百合映画」完全ガイド』。

後藤護
暗黒批評。著書に『黒人音楽史 奇想の宇宙』(中央公論新社)、『ゴシック・カルチャー入門』（Pヴァイン)。「博識家（polymath)」や「手（印相・武術・黒魔術)」がテーマの本をそれぞれ一冊書きたい。

佐々木敦
HEADZ主宰。文学ムック「ことばと」編集長。芸術文化の複数の分野で活動。著書に『「4分33秒」論』『小さな演劇の大きさについて』『映画的最前線 1988-1993』『ゴダール・レッスン あるいは最後から2番目の映画』『ゴダール原論――映画・世界・ソニマージュ』など。

中原昌也
作家、音楽家、映画評論家、アーティスト。『あらゆる場所に花束が……』で三島由紀夫賞、『中原昌也　作業日誌 2004 → 2007』でドゥ・マゴ賞を受賞。最近作は『人生は驚きに充ちている』（2020年、新潮社）。2022年公開の高橋ヨシキ初監督作品『激怒』の音楽を渡邉琢磨と共に担当。

西田博至
批評家。写真も撮る。批評誌『アラザル』同人。最新の『アラザル』14号では「月曜日の岸辺 佐藤亜紀『黄金列車』について」を寄稿。共著に『スティーブン・スピルバーグ論』、『USムービー・ホットサンド』など。

細馬宏通
早稲田大学文学学術院教授。行動学。著書に『うたのしくみ　増補完全版』（ぴあ)、『絵はがきの時代　増補新版』（青土社)、『介護するからだ』(医学書院)、『ミッキーはなぜ口笛を吹くのか』(新潮選書）など。

堀潤之
1976年生まれ。映画研究、表象文化論。関西大学文学部教授。共編著書に『映画論の冒険者たち』(東京大学出版会)、『ゴダール・映像・歴史』（産業図書)。訳書にアンドレ・バザン『オーソン・ウェルズ』(インスクリプト)、コリン・マッケイブ『ゴダール伝』(みすず書房）など。

真魚八重子
映画評論家。朝日新聞やぴあ、『週刊文春CINEMA！』などで執筆。著書に『映画系女子がゆく！』（青弓社)、『血とエロスはいとこ同士　エモーショナル・ムーヴィ宣言』(Pヴァイン)、『心の壊し方日記』（左右社）等。

山本貴光
文筆家・ゲーム作家。著作に『世界を変えた書物』『マルジナリアでつかまえて』『記憶のデザイン』『投壜通信』『文学問題(F+f)+』『「百学連環」を読む』他。現在、東京工業大学リベラルアーツ研究教育院教授。

渡邉大輔
批評家・映画史研究者。1982年生まれ。跡見学園女子大学文学部准教授。著作に『イメージの進行形』（人文書院)、『明るい映画、暗い映画』（blueprint)、『新映画論』（ゲンロン)。編著に『ビジュアル・コミュニケーション』（南雲堂）など。

ジャン=リュック・ゴダールの革命

2023年3月7日　初版印刷
2023年3月7日　初版発行

デザイン：シマダマユミ（TRASH-UP!!）
編集：大久保潤（Pヴァイン）

協力　堀潤之
写真協力：川喜多記念映画文化財団

発行者　水谷聡男
発行所　株式会社Pヴァイン
〒150-0031
東京都渋谷区桜丘町21-2 池田ビル2F
編集部：TEL 03-5784-1256
営業部（レコード店）：
TEL　03-5784-1250
FAX　03-5784-1251
http://p-vine.jp

ele-king
http://ele-king.net/

発売元　日販アイ・ピー・エス株式会社
〒113-0034
東京都文京区湯島1-3-4
TEL　03-5802-1859
FAX　03-5802-1891

印刷・製本　シナノ印刷株式会社

ISBN：978-4-910511-40-5

表紙写真：ZUMA Press/アフロ